AGUILAR

© 2008, TRIALTEA USA
P.O. Box 454402 / Miami, FL 33245-4402
Tel. 1-800-210-0344 / 305-285-0552
www.u-ingles.com

De esta edición:
D.R. © 2008, Santillana USA Publishing Company, Inc.
2105 N.W. 86th Avenue
Miami, FL 33122
Teléfono: 305-591-9522
www.alfaguara.net

Aguilar es un sello editorial del Grupo Santillana. Éstas son sus sedes:

Argentina
Av. Leandro N. Alem, 720
C1001AAP Buenos Aires
Tel. (54 11) 4119 50 00
Fax (54 11) 4912 74 40

Bolivia
Avda. Arce, 2333
La Paz
Tel. (591 2) 44 11 22
Fax (591 2) 44 22 08

Colombia
Calle 80, n°10-23
Bogotá
Tel. (57 1) 635 12 00
Fax (57 1) 236 93 82

Costa Rica
La Uruca
Del Edificio de Aviación Civil 200 m
al Oeste
San José de Costa Rica
Tel. (506) 220 42 42 y 220 47 70
Fax (506) 220 13 20

Chile
Dr. Aníbal Ariztía, 1444
Providencia
Santiago de Chile
Telf (56 2) 384 30 00
Fax (56 2) 384 30 60

Ecuador
Avda. Eloy Alfaro, N33-347 y
Avda. 6 de Diciembre
Quito
Tel. (593 2) 244 66 56 y 244 21 54
Fax (593 2) 244 87 91

El Salvador
Siemens, 51
Zona Industrial Santa Elena
Antiguo Cuscatlan - La Libertad
Tel. (503) 2 505 89 y 2 289 89 20
Fax (503) 2 278 60 66

España
Torrelaguna, 60
28043 Madrid
Tel. (34 91) 744 90 60
Fax (34 91) 744 92 24

Estados Unidos
2105 NW 86th Avenue
Doral, FL 33122
Tel. (1 305) 591 95 22 y 591 22 32
Fax (1 305) 591 91 45

Guatemala
7ª avenida, 11-11
Zona n° 9
Guatemala CA
Tel. (502) 24 29 43 00
Fax (502) 24 29 43 43

Honduras
Colonia Tepeyac Contigua a Banco
Cuscatlan - Boulevard Juan Pablo,
frente al Templo Adventista 7° Día,
Casa 1626
Tegucigalpa
Tel. (504) 239 98 84

México
Avda. Universidad, 767
Colonia del Valle
03100 México DF
Tel. (52 5) 554 20 75 30
Fax (52 5) 556 01 10 67

Panamá
Avda Juan Pablo II, n° 15.
Apartado Postal 863199, zona 7
Urbanización Industrial La Locería
- Ciudad de Panamá
Tel. (507) 260 09 45

Paraguay
Avda. Venezuela, 276
Entre Mariscal López y España
Asunción
Tel. y fax (595 21) 213 294 y 214 983

Perú
Avda. San Felipe, 731
Jesús María, Lima
Tel. (51 1) 218 10 14
Fax. (51 1) 463 39 86

Puerto Rico
Avenida Rooselvelt, 1506
Guaynabo 00968
Puerto Rico
Tel. (1 787) 781 98 00
Fax (1 787) 782 61 49

República Dominicana
Juan Sánchez Ramírez, n° 9
Gazcue
Santo Domingo RD
Tel. (1809) 682 13 82 y 221 08 70
Fax (1809) 689 10 22

Uruguay
Constitución, 1889
11800 Montevideo
Uruguay
Tel. (598 2) 402 73 42 y 402 72 71
Fax (598 2) 401 51 86

Venezuela
Avda. Rómulo Gallegos
Edificio Zulia, 1°. Sector Monte
Cristo. Boleita Norte
Caracas
Tel. (58 212) 235 30 33
Fax (58 212) 239 10 51

Elaboración de contenidos: Patricia I. Lucanera
Fotografía de cubierta: GettyImages

ISBN-10: 1-60396-209-3
ISBN-13: 978-1-60396-209-4

Impreso en U.S.A.

INDICE

INDICE

INDICE

INDICE

UNIDADES

UNIDAD 1 · ¡HOLA! / UNIT1 · HELLO!

Empecemos por aprender las partes del día y las diferentes maneras de saludar:

Mañana. **Morning.**   Tarde. **Afternoon.**   Anochecer. **Evening.**

Si encuentras a tu vecino a la mañana,
lo saludas de esta manera:
Good morning!

Si lo encuentras al mediodía, le dices:
Good afternoon!

Si lo encuentras al anochecer, le dices:
Good evening.

Ahora es tu turno.

Si llegas a tu trabajo a las 9 de la mañana,
¿cómo saludas? 1. _____

¿y a las 3 de la tarde? 2. _____

¿y a las 8 de la noche? 3. _____

Puedes decir *Hola* de esta forma: **Hello!**

Y preguntar *¿cómo estás?*: **How are you?**

Completa las frases:

Hello! 4. _____ you?

Hello! How 5. _____ you?

Lee los siguientes saludos y escríbelos en inglés:

¡Buen día! 6. _____ !
¡Hola! 7. _____ !
¡Buenas tardes! 8. _____ !
Hola, ¿cómo estás? Hello! 9. _____ are you?
Buenas noches, ¿cómo está? 10. _____ ¿How are you?

Key UNIT 1: 1. Good morning 2. Good afternoon 3. Good evening 4. How 5. are
6. Good morning 7. Hello 8. Good afternoon 9. How 10. Good evening

UNIDAD 2 · ¿CÓMO ESTÁS?
UNIT 2 · HOW'RE YOU DOING?

Fíjate en otras maneras informales de decir
¿Cómo estás? o *¿Cómo está?*:

¿Cómo estás? **How're you doing?**

¿Cómo va todo? **How's it going?**

¿Cómo están las cosas? **How are things?**

¿Qué hay de nuevo? **What's up?**

¡Hola! **Hey, there!**

Veamos ahora cómo puedes responder a estos saludos:

Bien, gracias. **Fine, thanks.**

O también: **OK, thanks.**

Muy bien, gracias. **Very well, thanks.**

Estoy bien, gracias. **Good, thanks.**

Lee el siguiente saludo y responde usando la palabra que se te indica:

How're you doing?

Responde con la palabra **fine**. 1. _____

Responde con la palabra **OK**. 2. _____

Responde con la palabra **good**. 3. _____

Responde con la palabra **very well**. 4. _____

Escribe los siguientes saludos en inglés:

¿Cómo están las cosas? 5. _____ ?

¿Cómo estás? 6. _____ ?

¿Cómo va todo? 7. _____ ?

¿Qué hay de nuevo? 8. _____ ?

¡Hola! 9. _____ !

Key UNIT 2: 1- Fine, thanks 2. OK, thanks 3. Good, thanks 4. Very well, thanks 5. How are things 6. How're you doing 7. How's it going 8. What's up 9. Hey, there

UNIDAD 3 · TE VEO MÁS TARDE
UNIT 3 · SEE YOU LATER

Lee ahora las diferentes opciones para decir *adiós*:

Goodbye.   **Bye.**   **Bye, bye.**

También puedes despedirte diciendo:

¡Buenas noches! **Goodnight!**

Cuando te estás despidiendo, puedes agregar alguna de estas frases:

Nos vemos más tarde. Hasta luego. **See you later.**

Nos vemos mañana. **See you tomorrow.**

Nos vemos pronto. **See you soon.**

Cuídate.**Take care.**

Despídete de la manera adecuada en estas situaciones. Puedes decir *Adiós* de cualquiera de las tres maneras que has aprendido.

1-Despídete de un compañero de trabajo que verás en una hora.

_____

2-Despídete de un amigo con el que irás al cine mañana.

_____

3-Despídete de tu madre a la que verás pronto.

_____

Key UNIT 3: 1. Goodbye. See you later 2. Bye, bye. See you tomorrow
3. Bye. See you soon

UNIDAD 4 · YO ESTOY BIEN, ¿Y TÚ?
UNIT 4 · I'M FINE, AND YOU?

Las palabras que se usan para reemplazar el nombre de personas, animales, cosas o situaciones se llaman pronombres personales.

Lee estos ejemplos:

Steve is fine.   **Steve** se reemplaza por **He**.   **He** is fine.
Miami is beautiful.   **Miami** se reemplaza por **It**.   **It** is beautiful.

He y **It** son pronombres personales,
y van siempre delante del verbo.

(**12**)

El pronombre **it** reemplaza, como ya has leído, a animales, cosas o situaciones. En español, generalmente no decimos nada (ya que su significado es *ello o, ella*, pero estas palabras no se usan en español para reemplazar animales, cosas o situaciones.)
Fíjate en estos ejemplos:

Mi perro es grande.   **My dog** is big.
Es grande.   It's big.

En español, podemos decir *es grande* sin necesidad de repetir *mi perro*. En inglés tiene que haber un sujeto, y, como se trata de un animal, el sujeto es **it**.
Lee este ejemplo:

El libro es interesante.   **The book** is interesting.
Es interesante.   It's interesting.

Veamos ahora cuáles son los pronombres personales:

Yo. I.
Tú. You.
Usted. You.   (Animales, cosas, situaciones) It.
Él. He.   Nosotros. We.
Ella. She.   Ustedes. You.
Ellos.They.

Lee estas oraciones:

Yo estoy bien. **I**'m good.

Tú estás bien. **You**'re OK.

Él está muy bien. **He**'s very well.

Ella está bien. **She**'s OK.

(El libro) Está bien. **It**'s OK.

Nosotros estamos bien. **We**'re fine.

Ustedes están bien. **You**'re very well.

Ellos están bien. **They**'re very well.

Escribe el pronombre correcto:

-Si estás hablando de ti mismo, dices 1. _____

-Si estás hablando con otra persona, dices 2. _____

-Si hablas de tu padre, dices 3. _____

-Si hablas de tu madre, dices 4. _____

-Si hablas de una ciudad, dices 5. _____

-Si hablas de ti y de otra persona, dices 6. _____

-Si estás hablando con varias personas, dices 7. _____

-Si hablas de tu padre y de tu madre, dices 8. _____

Key UNIT 4: 1. I 2. You 3. He 4. She 5. It 6. We 7. You 8. They

UNIDAD 5 · EL SEÑOR Y LA SEÑORA JONES
UNIT 5 · MR. AND MRS. JONES

Imagina que eres recepcionista en
un hotel y llegan nuevos pasajeros.

Si le hablas a un hombre, le dirás **sir**. Si le hablas a una
mujer, le dirás **ma'am**, que es la forma abreviada de
madam. Puedes saludar de esta manera:

Buenos días, señor. **Good morning, sir.**
Buenas tardes, señora. **Good afternoon, ma'am.**

Cuando sabes el nombre de la persona, podrás usar el
apellido y alguno de estos títulos:

Señor: Mr.   Señor Jones **Mr. Jones.**
                  Good morning, Mr. Jones.

(14)

Señora: Mrs.

Señora Jones. **Mrs. Jones.**
Good afternoon, Mrs. Jones.

Señorita: Miss

Señorita Jones. **Miss Jones.**
Good evening, Miss Jones.

Cuando hablas de una mujer y no conoces su estado civil
o no es importante especificarlo, dices **Ms.**

Señora o señorita Jones: Ms. Jones.   Hello, Ms. Jones.

Saluda a estas personas como has aprendido:

Saluda al señor Jones a la mañana. 1. _____

Saluda a la señora Jones al anochecer. 2. _____

Dile hola a la señorita Jones. 3. _____

Dile buen día a la nueva pasajera. 4. _____

Dile buenas noches a Sara Jones. 5. _____

Dile buenas tardes al nuevo pasajero. 6. _____

Key UNIT 5: 1.Good morning, Mr. Jones 2. Good evening, Mrs. Jones 3. Hello, Miss Jones
4.Good morning, ma'am 5. Good evening, Ms. Jones 6. Good afternoon, sir

UNIDAD 6 · SER O NO SER
UNIT 6 · TO BE OR NOT TO BE

El verbo **to be** quiere decir en español *ser* y también
estar. Cuando lo conjugamos, es decir, le agregamos un
pronombre personal como I, **you, she** o cualquier otro,
el verbo se dice de esta manera:

Yo soy. **I am.** / Tú eres. **You are.**

Usted es. **You are.** / Él es. **He is.**

Ella es. **She is.** / (para animales, cosas o situaciones) **It is.**

Nosotros o nosotras somos. **We are.**

Ustedes son. **You are.**

Ellos o ellas son. **They are.**

Veamos ejemplos del verbo **to be** con el significado *ser,* en oraciones afirmativas.

Yo soy estudiante. **I am a student.**

Tú eres estudiante. **You are a student.**

Usted es estudiante. **You are a student.**

Él es estudiante. **He is a student.**

Completa estas oraciones con el verbo **to be**.

Ella es estudiante. 1. _____

Nosotros somos estudiantes. 2. _____

Ustedes son estudiantes. 3. _____

Ellas son estudiantes. 4. _____

Key UNIT 6: 1. She is a student 2. We are students 3. You are students
4. They are students

UNIDAD 7 · NOSOTROS ESTAMOS EN MIAMI
UNIT 7 · WE'RE IN MIAMI

Estudiarás ahora el verbo **to be** con el significado *estar,* en oraciones afirmativas.

Lee las siguientes oraciones:

Yo estoy en Miami. **I am in Miami.**

Tú estás en Texas. **You are in Texas.**

Usted está en Kansas. **You are in Kansas.**

Él está en Los Angeles. **He is in Los Angeles.**

Ella está en Las Vegas. **She is in Las Vegas.**

(El hotel) está en San Francisco. **It is in San Francisco.**

Nosotros estamos en Nueva York. **We are in New York.**

Ustedes están en Kentucky. **You are in Kentucky.**

Ellos o ellas están en Washington. **They are in Washington.**

Ahora es tu turno. Escribe las siguientes oraciones en inglés:

Él está en Los Angeles. 1. _____

Nosotras estamos en Nueva York. 2. _____

Ustedes están en Kentucky. 3. _____

Ella está en Las Vegas. 4. _____

(El hotel) está en San Francisco. 5. _____

Yo estoy en Miami. 6. _____

Tú estás en Texas. 7. _____

Usted está en Kansas. 8. _____

Ellas están en Washington. 9. _____

Key UNIT 7: 1. He is in Los Angeles 2. We are in New York 3. You are in Kentucky 4. She is in Las Vegas   5. It is in San Francisco 6. I am in Miami 7. You are in Texas. 8. You are in Kansas 9. They are in Washington

UNIDAD 8 · SOMOS AMIGOS
UNIT 8 · WE'RE FRIENDS

Las contracciones son formas de acortar algunas palabras. Antes de seguir estudiando el verbo **to be**, veamos cómo contraerlo, porque así lo escucharás y deberás decirlo de ahora en más:

Compara la forma completa con la forma contraída, y lee la oración:

I am.	**I'm.**	**I'm** a doctor.
You are.	**You're.**	**You're** in the restaurant.
He is.	**He's.**	**He's** a doctor.
She is.	**She's.**	**She's** in the restaurant.
It is.	**It's.**	**It's** a big restaurant.
We are.	**We're.**	**We're** doctors.
They are.	**They're.**	**They're** in the restaurant.

Las contracciones solo se usan en oraciones afirmativas y negativas, pero no en preguntas que empiecen con el verbo **to be**.

Ahora escribe la forma contraída:

He is in Miami. 1. _____

We are students. 2. _____

You are in the restaurant. 3. _____

She is a doctor. 4. _____

It is in Miami. 5. _____

I am a student. 6. _____

You are in the restaurant. 7. _____

They are doctors. 8. _____

Key UNIT 8: 1. He's. 2. We're 3. You're 4. She's 5. It's 6. I'm 7. You're 8. They're

UNIDAD 9 · ÉL NO ESTÁ AQUÍ
UNIT 9 · HE'S NOT HERE

Para decir *no soy* o *no estoy* simplemente debes
agregar **not** después del verbo **to be**.

Yo no estoy en mi casa. I'm **not** at home.

Tú no estás en el supermercado. You're **not** in the supermarket.

Usted no está en el correo. You're **not** in the post office.

Él no está en su departamento. He's **not** in his apartment.

Ella no es médica. She's **not** a doctor.

Nosotros no somos médicos. We're **not** doctors.

Ustedes no son médicos. You're **not** doctors.

Ellos no son médicos. They're **not** doctors.

Ahora transforma estas oraciones afirmativas en negativas.

He's in Miami. 1. _____

We're doctors. 2. _____

You're in the supermarket. 3. _____

She's a student. 4. _____

It's in Miami. 5. _____

I'm a doctor. 6. _____

You're in the supermarket. 7. _____

They're in Miami. 8. _____

Key UNIT 9: 1. He's not in Miami 2. We're not doctors 3. You're not in the supermarket 4. She's not a student 5. It's not in Miami 6. I'm not a doctor 7. You're not in the supermarket 8. They're not in Miami

UNIDAD 10 · ¿ERES ESTUDIANTE?
UNIT 10 · ARE YOU A STUDENT?

Para hacer preguntas con el verbo **to be** debes colocar el verbo al principio de la oración, de la misma manera en que lo haces con el verbo *ser* o *estar* en español:

En español preguntas: *¿Es ella bonita?*
En inglés dices: **Is she pretty?**

Fíjate en estos ejemplos:

¿Está ella en la oficina? **Is she** in the office?
¿Son ellos maestros? **Are they** teachers?
¿Está él en su casa? **Is he** at home?
¿Están ellos en el hospital? **Are they** in the hospital?
¿Es ella estudiante? **Is she** a student?
¿Es un buen hotel? **Is it** a good hotel?

Recuerda que no puedes usar contracciones en las preguntas que comienzan con el verbo **to be**.

Are they in the office?   **Is she** a student?

Haz preguntas de estas oraciones:

It's a hotel. 1. _____ ?

He's in San Francisco. 2. _____ ?

They're students. 3. _____ ?

You're in the supermarket. 4. _____ ?

She's pretty. 5. _____ ?

You're not a doctor. 6. _____ ?

They're not in a restaurant. 7. _____ ?

Key UNIT 10: 1. Is it a hotel 2.Is he in San Francisco 3. Are they students 4. Are you in the supermarket 5. Is she pretty 6. Are you a doctor 7. Are they in a restaurant

UNIDAD 11 · ELLAS SON DE PUERTO RICO
UNIT 11 · THEY'RE FROM PUERTO RICO

Para saber la nacionalidad de alguien, puedes hacer una pregunta usando la palabra **Where**, que quiere decir *Dónde*.

¿De dónde eres? **¿Where are you from?**

La respuesta puede ser:
Soy de Canadá. **I'm from Canada.**

Fíjate en este diálogo:
Where are you from?   I'm from Canada.

Lee esta lista de países:

Alemania. Germany.
Argentina. Argentina.
Australia. Australia.
Brasil. Brazil.
China. China.

España. Spain.
Inglaterra. England.
Italia. Italy.
Japón. Japan.
Estados Unidos. United States.

Imagina que has nacido en los países de esta lista. ¿Qué dirías en cada caso?:

Japan. 1. _____

Italy. 2. _____

Mexico. 3. _____

Spain. 4. _____

Australia. 5. _____

United States. 6. _____

China. 7. _____

England. 8. _____

Key UNIT 11: 1. I'm from Japan 2. I'm from Italy 3. I'm from Mexico 4. I'm from Spain
5. I'm from Australia 6. I'm from the United States 7. I'm from China 8. I'm from England.

UNIDAD 12 · SOY SALVADOREÑO
UNIT 12 · I'M SALVADOREAN

Cuando alguien te pregunta de dónde vienes, también puedes decir tu nacionalidad:

Soy puertorriqueño. **I'm Puerto Rican.**
Soy italiano. **I'm Italian.**

Fíjate en este diálogo:
¿De dónde eres? **Where are you from?**
Soy brasileña. **I'm Brazilian.**

Lee cómo se dicen las nacionalidades que corresponden a estos países:

Alemán. **German.**

Argentino. **Argentinian.**

Australiano. **Australian.**

Brasileño. **Brazilian.**

Canadiense. **Canadian.**

Chino. **Chinese.**

Colombiano. **Colombian.**

Español. **Spanish.**

Francés. **French.**

Griego. **Greek.**

Japonés. **Japanese.**

Mexicano. **Mexican.**

Venezolano. **Venezuelan.**

United States. **American.**

Forma oraciones que comiencen con **I'm** seguida de la nacionalidad que corresponde a cada país.

Australia 1. _____

El Salvador. 2. _____

Japón. 3. _____

Puerto Rico. 4. _____

Brasil. 5. _____

España. 6. _____

Francia. 7. _____

Estados Unidos. 8. _____

Mexico. 9. _____

China. 10. _____

UNIDAD 13 · ¡SI, LO SOY!
UNIT 13 · YES, I AM!

Aprende a contestar con respuestas cortas a preguntas simples con el verbo **to be**. Fíjate en estas oraciones:

¿Es ella estudiante? **Is she** a student?
Sí, lo es. **Yes, she is.**

¿Eres mexicano? **Are you** Mexican?
No, no lo soy. **No, I'm not.**

Como has podido leer, después de **Yes** o **No** debes usar un pronombre seguido del verbo **to be** en afirmativo o en negativo.

Yes, she is.   No, she isn't.

Lee estas preguntas y las respuestas cortas:

¿Son ellas maestras? **Are they** teachers?
Sí, lo son. **Yes, they are.**
¿Está ella en el restaurant? **Is she** at the restaurant?
No, no está. **No, she isn't.**
¿Es él australiano? **Is he Australian?**
No, no lo es. **No he isn't.**
¿Es él puertorriqueño? **Is he** Puerto Rican?
Sí, lo es. **Yes, he is.**

Completa estas respuestas cortas con la palabra adecuada:

Are you American? Yes, I 1. _____

Is she a doctor? No, she 2. _____

Are they at the supermarket? Yes, they 3. _____

Is he a student? No, he 4. _____

Are you Italian? Yes, I 5. _____

Is it a good restaurant? No, it 6. _____

Key UNIT 13: 1. am 2. isn't 3. are 4. isn't 5.am 6. isn't.

UNIDAD 14 · ¿ESTE O AQUEL?
UNIT 14 · THIS OR THAT?

Las palabras **this** y **that** se usan para indicar
algo sobre lo que estás hablando:

This quiere decir *esto* o *esta*, y se usa para
indicar algo que está cerca de ti.

Este es mi departamento. **This** is my apartment.

Este es mi perro. **This** is my dog.

Esta es mi bicicleta. **This** is my bicycle.

¿Qué es esto? What is **this**?

Esta película es buena. **This** movie is good.

That quiere decir **aquel** o **aquella**, y se usa para indicar
algo que está lejos de ti.

Aquel es mi departamento. **That**'s my apartment.

Aquel es mi perro. **That**'s my dog.

Aquella es mi bicicleta. **That**'s my bicycle.

¿Qué es aquello? What's **that**?

Aquel libro es bueno. **That** book is good.

Escribe las siguientes oraciones en inglés.

Este es mi auto. 1. _____

Aquella es mi casa. 2. _____

¿Qué es esto? 3. _____ ?

Aquel libro es bueno. 4. _____

Esta es una buena película. 5. _____

¿Qué es aquello? 6. _____ ?

Key UNIT 14: 1. This is my car 2. That's my house 3. What's this
4. That book is good 5. This is a good movie 6. What's that

UNIDAD 15 · ¿ESTOS O AQUELLOS?
UNIT 15 · THESE OR THOSE?

Las palabras **these** y **those** se usan para indicar
algo sobre lo que estamos hablando:

These quiere decir *estos* o *estas*, y se usa para indicar algo
que está cerca de ti. Fíjate en las siguientes oraciones:

Estos son mis libros. **These** are my books.

Estas son mis zapatos tenis. These are my sneakers.

¡Mira estas camisetas! Look at **these** T-shirts!

¿Son estas tus maletas? Are **these** your suitcases?

Those quiere decir **aquellos** o **aquellas**, y se usa para indicar algo que está lejos de ti.

Aquellos son mis libros. Those are my books.

Aquellas son mis zapatos tenis. Those are my sneakers.

¡Mira aquellas camisetas! Look at those T-shirts!

¿Son aquellas tus maletas? Are those your suitcases?

Escribe las siguientes oraciones en inglés.

Estos son mis libros. 1. _____

Aquellas son mis zapatos tenis. 2. _____

Mira estas camisetas. 3. _____

Aquellos libros son buenos. 4. _____

¿Son aquellas tus maletas? 5. _____ ?

Key UNIT 15: 1.These are my books 2. Those are my sneakers 3. Look at these T-shirts 4. Those books are good 5. Are those your suitcases

---

UNIDAD 16 · ELLA TE AMA
UNIT 16 · SHE LOVES YOU

Ya has aprendido los pronombres personales, que se colocan delante del verbo: **I, you, he, she**, entre otros. También debes aprender los pronombres personales que deben ir después del verbo.

Fíjate en estos ejemplos:

Te amo a ti. I love **you.**

La amo a ella. I love **her.**

Lo amo a él. I love **him.**

You, her y **him** son pronombres que se colocan después del verbo. Veamos el resto de estos pronombres:

Me (a mí).**me.**
Ella me ama. She loves **me.**

Te (a ti). **You.**
Yo te amo. I love **you.**

Lo (a él). **Him.**
Ella lo ama. She loves **him.**

La (a ella). **Her.**
Él la ama. He loves **her.**

Lo/la (a eso o a esa). **It.**
La amo (a esta ciudad). I love **it.**

Nos (a nosotros). **Us.**
Ellos nos aman. They love **us.**

Los (a ustedes). **You.**
Nosotros los amamos. We love **you.**

Los (a ellos). **Them.**
Yo los amo. I love **them.**

Escribe estas oraciones en inglés.

Yo te amo. 1. _____

Tú me amas. 2. _____

Ella te ama. 3. _____

Él me ama. 4. _____

Me encanta eso. 5. _____

Ellos nos aman. 6. _____

Yo los amo. 7. _____

Yo los amo. 8. _____

La amo (a esta ciudad). 9. _____

Key UNIT 16: 1. I love you 2. You love me 3. She loves you 4. He loves me
5. I love it 6. They love us 7. I love you 8. I love them 9. I love it

UNIDAD 17 · SU PASAPORTE, POR FAVOR
UNIT 17 · YOUR PASSPORT, PLEASE

Ahora aprenderás cuáles son las palabras que
se usan para indicar posesión.

Mi. **My.**	Mi pasaporte. **My** passport.
Tu. **Your.**	Tu boleto. **Your** ticket.
Su (de una mujer). **Her.**	Su visa. **Her** visa.
Su (de un hombre). **His.**	Su equipaje. **His** baggage.
Su (de un animal o una cosa). **Its.**	Su jaula. **Its** crate.
Nuestro. **Our.**	Nuestro avión. **Our** plane.
Su (de ustedes). **Your.**	Su asiento. **Your** seat.
Su (de ellos). **Their.**	Sus maletas. **Their** suitcases.

Lee estos ejemplos:

Esta es mi maleta. This is **my** suitcase.
Su boleto, por favor. **Your** ticket, please.
¿Cuál es su nombre? What's **his** name?
¿Es ese su equipaje? Is that **their** baggage?
Aquel es nuestro avión. That's **our** plane.
¿Aquel es tu asiento? Is that **your** seat?

Escribe estas oraciones en inglés:

Este es mi boleto. 1. _____

Aquel es nuestro avión. 2. _____

¿Cuál es su maleta? 3. _____

Aquel es su equipaje. (De ella). 4. _____

¿Cuál es su nombre? (de él) 5. _____

Key UNIT 17: 1. This is my ticket 2. That's our plane 3. Which is your suitcase
4. That's her baggage 5. What's his name

UNIDAD 18 · ¿DE QUIÉN SON ESTAS LLAVES?
UNIT18 · WHOSE KEYS ARE THESE?

Para preguntar a quién pertenece algo, usas **Whose**, que quiere decir *¿De quién?*, seguido del verbo **to be** en singular o en plural:

¿De quién es esto? **Whose** is this?
¿De quiénes son estos? **Whose** are these?

Se puede agregar un sustantivo singular o plural después de **Whose**.

¿De quién es este celular?
Whose cell phone is this?

¿De quiénes son estos celulares?
Whose cell phones are these?

Para contestar puedes usar estos pronombres que indican posesión:

Mío/mía, míos/mías. Mine.
Tuyo/a, suyo/a. Yours.
Suyo (de él). His.
Suya (de ella). Hers.
Nuestros/nuestras. Ours.
Suyo (de ustedes). Yours.
Suyo/a (de ellos/as). Theirs.

¿De quién es este celular? **Whose** cell phone is this?
Es mío. It's **mine**.
Es de él. It's **his**.
Es de ella. It's **hers**.

¿De quién son estas llaves? **Whose** keys are these?
Son de ella. They're **hers**.
Son nuestras. They're **ours**.
Son de ellos. They're **theirs**.

Contesta estas pregunta: Whose money is this?

Es mía. 1. _____

Es tuya. 2. _____

Es nuestra. 3. _____

Es de ellos. 4. _____

Key UNIT 18: 1. It's mine 2. It's yours. 3.It's ours 4. It's theirs

UNIDAD 19 · ¿QUIÉN ES ESA CHICA?
UNIT 19 · WHO'S THAT GIRL?

Estudia las palabras interrogativas que usarás
cuando preguntas por información.

Qué o Cuál. **What.**

Cuál. **Which.**

Quién. **Who.**

Dónde. **Where.**

Cuándo. **When.**

Cómo. **How.**

Las palabras interrogativas van delante del verbo. Cuando el
verbo **to be** se usa después de estas palabras, se contrae.

Qué es o Cuál es. **What's.**
¿Cuál es tu nombre? **What's** your name?

Quién es. **Who's.**
¿Quién es esa chica? **Who's** that girl?

Dónde es o Dónde está. **Where's.**
¿Dónde está el hotel? **Where's** the hotel?

Cuándo es. **When's.**
¿Cuándo es tu cumpleaños? **When's** your birthday?

Cómo es o Cómo está. **How's.**
¿Cómo está tu hermano? **How's** your brother?

El verbo **to be** después de **which** no se contrae:

Cuál es. **Which is.**
¿Cuál es tu auto? **Which is** your car?

Haz preguntas usando las palabras como en el ejemplo:
Where/my car. **Where's** my car?

When/your birthday. 1. _____

What/ your name. 2. _____

Which / your car. 3. _____

How/your brother. 4. _____

Where/your car. 5. _____

Key UNIT 19: 1. When's your birthday? 2. What's your name?
3. Which is your car? 4. How's your brother? 5. Where's your car?

UNIDAD 20 · ESTOY ESTUDIANDO
UNIT 20 · I'M STUDYING

Lee los verbos que aprenderás en esta unidad:

Conducir. **Drive.**
Escuchar. **Listen.**   Estudiar. **Study.**

Veamos ahora cómo expresar lo que está sucediendo
en el momento en que estás hablando. Usarás un
tiempo verbal que se llama *Presente Continuo.*
Fíjate en estas oraciones:

Estoy escuchando *Inglés Móvil.* I´m **listening** to *Inglés Móvil.*

Esta oración describe lo que estás haciendo en este preciso momento. El *presente continuo* se forma con el verbo **to be** junto con otro verbo al que le agregarás las letras **-ing** al final.

Estoy escuchando. I'm listen**ing**.
Estoy manejando. I'm driv**ing**.
Estoy estudiando. I'm study**ing**.

Todas estas oraciones responden a una pregunta:

¿Qué estás haciendo? What are you **doing**?

Responde a la pregunta **What are you doing?** usando el verbo que se te indica y formando una oración. Por ejemplo: What are you doing? Usa el verbo **Drive**. Tu respuesta será **I'm driving**.

What are you doing? Usa el verbo **study**. 1. _____

What are you doing? Usa el verbo **listen**. 2. _____

What are you doing? Usa el verbo **drive**. 3. _____

Key UNIT 20: 1. I'm studying 2. I'm listening 3. I'm driving

UNIDAD 21 · TRABAJO LOS FINES DE SEMANA
UNIT 21 · I WORK ON WEEKENDS

Fíjate en los verbos que aprenderás en esta unidad:

Trabajar. **Work.**   Levantarse. **Get up.**   Cocinar. **Cook.**

Veamos ahora cómo expresar acciones repetidas, que suceden habitualmente. Usaremos un tiempo verbal que se llama *Presente Simple.* Fíjate en esta oración:

Me levanto a las 8. **I get up at 8.**

Cuando quieres expresar algo que haces habitualmente, como una rutina, usas el verbo directamente con un pronombre.

Trabajo los fines de semana. **I work on weekends.**

Cocino todos los días. **I cook every day.**

Me levanto a las 8. **I get up at 8.**

Cuando usas un verbo en *presente simple* debes agregar una «s» al final, con las persona **he, she** o **it**.

She work**s**.   He work**s**.   It work**s**.

Ahora escribe estas oraciones en inglés:

Ella cocina todos los días. 1. _____

Él trabaja los fines de semana. 2. _____

Ellos se levantan a las 8. 3. _____

Yo cocino todos los días. 4. _____

Key UNIT 21: 1. She cooks every day 2. He works on weekends
3. They get up at 8 4. I cook every day

UNIDAD 22 · ¿HABLAS INGLÉS?
UNIT 22 · DO YOU SPEAK ENGLISH?

Fíjate en los verbos que aprenderás en esta unidad:

Vivir. **Live.**   Hablar. **Speak.**   Entender. **Understand.**

Para hacer preguntas en presente simple, debes aprender cómo usar los auxiliares **do** y **does**. Son palabras que no tienen ninguna traducción al español, pero su función es transformar una oración afirmativa en una pregunta o una negación. Se colocan delante del pronombre personal. El auxiliar **do** se usa con **I, you, we** y **they**.

(33)

Fíjate en estos ejemplos:

¿Viven aquí? Do they **live** here?
¿Entiendes español? Do you **understand** Spanish?
¿Hablas inglés? Do you **speak** English?

Debes usar el auxiliar **does** con los pronombres **he, she** y **it**.

¿Vive él aquí? Does he **live** here?
¿Entiende ella español? Does she **understand** Spanish?

Transforma las siguientes oraciones afirmativas en preguntas.

They live here. 1. _____ ?

She understands. 2. _____ ?

You speak Spanish. 3. _____ ?

He lives here. 4. _____ ?

They understand Spanish. 5. _____?

Key UNIT 22: 1. Do they live here 2. Does she understand 3. Do you speak
Spanish 4. Does he live here 5. Do they understand Spanish

UNIDAD 23 · NO ENTIENDO
UNIT 23 · I DON'T UNDERSTAND

Para hacer oraciones negativas también se usan los
auxiliares **do** y **does** pero, en este caso, seguidos de **not**.

Do not se contrae y forma **don't**. Así lo usarás cuando
hablas. Fíjate en estas oraciones, primero en afirmativo
y después en negativo:

Yo vivo. I live
Yo *no* vivo. I **don't** live.

Tú entiendes. You understand.
Tú *no* entiendes. You **don't** understand.

Nosotros hablamos español. We speak Spanish.
Nosotros *no* hablamos español. We **don't** speak Spanish.

Does not se contrae y forma **doesn't**. Así lo usarás cuando hablas. Fíjate en estas oraciones, primero en afirmativo y después en negativo:

Él habla español. He speaks Spanish.
Él no habla español. He **doesn't** speak Spanish.

Ella entiende. She understands.
Ella no entiende. She **doesn't** understand.

Transforma las siguientes oraciones afirmativas en negativas.

We speak Spanish. 1. _____

I understand. 2. _____

He lives here. 3. _____

She understands. 4. _____

They live here. 5. _____

Key UNIT 23: 1. We don't speak Spanish 2. I don't understand
3. He doesn't live here 4. She doesn't understand 5. They don't live here

---

UNIDAD 24 · ¿DÓNDE VIVES?
UNIT 24 · ¿WHERE DO YOU LIVE?

Fíjate en los verbos que aprenderás en esta unidad:

Sentir. **Feel**.   Ir. **Go**.   Preferir. **Prefer**.   Pensar. **Think**.

En las preguntas con palabras interrogativas, **do** o **does** se colocan después de **where, what,** o cualquier otra palabra interrogativa.

Fíjate en estos ejemplos.

Where **do** you live?   What **does** she think?

Lee estas oraciones:
¿Dónde trabajas? Where **do** you work?
¿Cuándo estudias? When **do** you study?
¿Cuál prefieres? Which **do** you prefer?
¿Cómo te sientes? How **do** you feel?
¿Qué piensas? What **do** you think?

Haz estas preguntas en inglés:

¿Cuál prefieres? 1. _____ ?

¿Dónde vives? 2. _____ ?

¿Cuándo trabajas? 3. _____ ?

¿Cómo te sientes? 4. _____ ?

¿Qué piensas? 5. _____ ?

Key UNIT 24: 1. Which do you prefer? 2. Where do you live?
3. When do you work? 4. How do you feel? 5. What do you think?

UNIDAD 25 · ¿DE QUÉ TRABAJAS?
UNIT 25 · WHAT DO YOU DO?

Para conocer en qué trabaja un persona,
puedes hacer estas preguntas:

¿Qué haces? **What do you do?**

O también:

¿Cuál es tu trabajo? **What's your job?**

Una forma de contestar es la siguiente:

Soy trabajador de la construcción. **I'm a construction worker.**

Soy enfermera. **I'm a nurse.**

Soy maestra. **I'm a teacher.**

También puedes decir:

Trabajo como cocinero. **I work as a cook.**

Trabajo como camarero. **I work as a waiter.**

Trabajo como recepcionista. **I work as a receptionist.**

Puedes nombrar el lugar para el que trabajas.

Trabajo en Pizza Party. **I work for Pizza Party.**

Trabajo en Big Apple. **I work for Big Apple.**

Recuerda cómo decir estas frases en inglés:

¿Qué haces? 1. _____ ?

¿Cuál es tu trabajo? 2. _____

Soy enfermera. 3. _____

Trabajo como camarero. 4. _____

Trabajo en Big Apple. 5. _____

Key UNIT 25: 1. What do you do 2. What's your job 3. I'm a nurse
4. I work as a waiter 5. I work for Big Apple

UNIDAD 26 · 1,2,3 ¡ACCIÓN!
UNIT 26 · 1,2,3 ACTION!

Veamos ahora los números del 1 al 10.

Lee cómo se dicen:

Cero. **Zero.**

Uno. **One.**   Seis. **Six.**
Dos. **Two.**   Siete. **Seven.**
Tres. **Three.**   Ocho. **Eight.**
Cuatro. **Four.**   Nueve. **Nine.**
Cinco. **Five.**   Diez. **Ten.**

Ahora fíjate en los números nuevamente. Les hemos agregado algunas palabras para ayudarte a recordarlos:

Uno. Una nariz. **One** nose.
Dos. Dos piernas. **Two** legs.
Tres. Tres mosqueteros. **Three** musketeers.
Cuatro. Cuatro estaciones. **Four** seasons.
Cinco. Hotel cinco estrellas. **Five-star** hotel.
Seis. Seis jugadores de voleibol. **Six** volleyball players.
Siete. Siete días en una semana. **Seven** days in a week.
Ocho. Ocho tentáculos de un pulpo. **Eight** arms in an octopus.
Nueve. Nueve planetas. **Nine** planets.
Diez. Diez dedos. **Ten** fingers.

Ahora recuerda los números que se relacionan con estas palabras:

Hotel. 1. _____

Nose. 2. _____

Seasons. 3. _____

Arms in an octopus. 4. _____

Fingers. 5. _____

Legs. 6. _____

Days in a week. 7. _____

Musketeers. 8. _____

Volleyball players. 9. _____

Planets. 10. _____

Key UNIT 26: 1. Five-star 2. One 3. Four 4. Eight 5. Ten
6. Two 7. Seven 8. Three 9. six 10. Nine

UNIDAD 27 · LOS ADOLESCENTES
UNIT 27 · TEENAGERS

Veamos ahora los números del 11 al 20.

Fíjate cómo se dicen:

Once. **Eleven.**	Dieciséis. **Sixteen.**
Doce. **Twelve.**	Diecisiete. **Seventeen.**
Trece. **Thirteen.**	Dieciocho. **Eighteen.**
Catorce. **Fourteen.**	Diecinueve. **Nineteen.**
Quince. **Fifteen.**	Veinte. **Twenty.**

Ahora léelos nuevamente y trata de recordarlos:

Once. 1. _____	Dieciséis. 6. _____
Doce. 2. _____	Diecisiete. 7. _____
Trece. 3. _____	Dieciocho. 8. _____
Catorce. 4. _____	Diecinueve. 9. _____
Quince. 5. _____	Veinte. 10 _____

Key UNIT 27: 1. Eleven 2. Twelve 3. Thirteen 4. Fourteen 5. Fifteen
6. Sixteen 7. Seventeen 8. Eighteen 9. Nineteen 10 Twenty

Ahora recuérdalos mezclados:

Dieciséis. 1. _____	Once. 6. _____
Trece. 2. _____	Diecisiete. 7. _____
Diecinueve. 3. _____	Catorce. 8. _____
Doce. 4. _____	Veinte. 9. _____
Quince. 5. _____	Dieciocho. 10. _____

Key UNIT 27: 1. Sixteen 2. Thirteen 3. Nineteen 4. Twelve 5. Fifteen
6. Eleven 7. Seventeen 8. Fourteen 9. Twenty 10. Eighteen

UNIDAD 28 · CUANDO TENGA 64 AÑOS
UNIT 28 · WHEN I'M SIXTY-FOUR

Veamos ahora los números del 21 al 100.

Fíjate cómo se dicen:

Cuando quieres decir números compuestos, por ejemplo 24, 32 o 56, unes el primer número al segundo. Así, si quieres decir 24 dirás twenty (veinte) four (cuatro).

Veintiuno. **Twenty-one.**
Veintidós. **Twenty-two.**
Veintitrés. **Twenty-three.**
Veinticuatro. **Twenty-four.**
Veinticinco. **Twenty-five.**
Veintiséis. **Twenty-six.**
Veintisiete. **Twenty-seven.**
Veintiocho. **Twenty-eight.**
Veintinueve. **Twenty-nine.**

Lee ahora los números del 30 al 100:

Treinta. **Thirty.**
Cuarenta. **Forty.**
Cincuenta. **Fifty.**
Sesenta. **Sixty.**
Setenta. **Seventy.**
Ochenta. **Eighty.**
Noventa. **Ninety.**

Llegamos al cien: one hundred.
O también, a hundred.

Si tienes que decir ciento tres, dices one hundred (cien) three (tres), o también, one hundred and three.

Ahora practica decir los números que has aprendido:

Veinte. 1. _____ Veintiuno. 10. _____

Treinta. 2. _____ Treinta y dos. 11. _____

Cuarenta. 3. _____ Cuarenta y tres. 12. _____

Cincuenta. 4. _____ Cincuenta y cuatro. 13. _____

Sesenta. 5. _____ Sesenta y cinco. 14. _____

Setenta. 6. _____ Setenta y seis. 15. _____

Ochenta. 7. _____ Ochenta y siete. 16. _____

Noventa. 8. _____ Noventa y ocho. 17. _____

Cien. 9. _____ Ciento nueve. 18. _____

Key UNIT 28: 1.Twenty 2. Thirty 3. Forty 4. Fifty 5. Sixty 6. Seventy 7. Eighty
8. Ninety 9. One hundred 10. Twenty-one 11. Thirty-two 12. Forty-three
13. Fifty-four 14. Sixty five 15. Seventy-six 16. Eighty-seven 17. Ninety-eight
18. One hundred nine. También, one hundred and nine.

UNIDAD 29 · ¡HORA DE LEVANTARSE!
UNIT 29 · TIME TO GET UP!

Fíjate cómo se pregunta la hora:

¿Qué hora es? What time is it?

Para contestar debes saber lo siguiente:

La hora en punto se dice **o'clock**.
Las cinco. Five **o'clock**.
Las dos. Two **o'clock**.
Las tres. Three **o'clock**.

Y media se dice **half past**, delante de la hora:
Seis y media. **Half past** six.
Diez y media. **Half past** ten.

También puedes decir:

Seis y treinta. Six thirty.   Diez treinta. Ten thirty.

Lee estas horas:

Las ocho. Eight o'clock.   Las tres. Three o'clock.

Las siete. Seven o'clock.

Nueve y media. Half past nine.
O también: nueve y treinta. Nine thirty.
Cuatro y media. Half past four.
O también: cuatro treinta. Four thirty.
Diez y media. Half past ten.
O también: diez treinta. Ten thirty.

Escribe estas horas en inglés:

Las seis. 1. _____

Nueve y media. 2. _____ o también _____

Las diez. 3. _____

Cuatro y media. 4. _____ o también _____

Keys UNIT 29: 1.Six o'clock. 2.Half past nine. 2.Half past nine o también: nine thirty. 3. Ten o'clock. 4. Half past four o también: four thirty.

UNIDAD 30 · SON LAS SEIS Y CUARTO
UNIT 30 · IT'S A QUARTER AFTER SIX

Sigamos aprendiendo cómo decir la hora.

Fíjate en estos casos:
Y se dice **after** o también, **past:**

Ocho y diez. Ten **after** eight.
Siete y cinco. Five **past** seven.

Menos se dice **to**:

Nueve menos veinte. Twenty **to** nine.
Cinco menos diez. Ten **to** five.

Y cuarto se dice **a quarter after** o también, **a quarter past**.

Ocho y cuarto. **A quarter after** eight.
Tres y cuarto. **A quarter past** three.

Menos cuarto se dice **a quarter to**:

Una menos cuarto. **A quarter to** one.
Once menos cuarto. **A quarter to** eleven.

También puedes decir la hora y los minutos, en ese orden:

Ocho y veinte. **Eight twenty**.
Diez y treinta y cinco. **Ten thirty-five**.
Nueve quince. **Nine fifteen**.
Once y cuarenta y cinco. **Eleven forty-five**.

Completa con la palabra que falta:

Las ocho y diez. Ten 1. ___ eight. O también: eight 2. _____

Nueve y cuarto. A quarter 3. ____nine. O también: nine 4. _____

Cuatro menos cuarto. A 5. ____ to four. O también: three 6. _____

Una menos veinticinco. Twenty-five 7. _____ one.

O también: 8. _____ thirty-five.

Key UNIT 30: 1. after/past 2. ten 3. after/past 4. fifteen 5. quarter
6.forty-five 7. to 8. twelve

UNIDAD 31 · NO ME GUSTAN LOS LUNES
UNIT 31 · I DON'T LIKE MONDAYS

Fíjate cómo se dicen los días de la semana:

Days of the week.

Lunes. **Monday.**

Martes. **Tuesday.**

Miércoles. **Wednesday.**

Jueves. **Thrusday.**

Viernes. **Friday.**

Sábado. **Saturday.**

Domingo. **Sunday.**

Seguramente te confundirás *martes* con *jueves* porque pueden resultarte parecidos. Fíjate en la diferencia:

Martes. **Tuesday.**

Jueves. **Thursday.**

Y el miércoles es difícil de pronunciar:

Wednesday (wénzdei).

La «d» no se pronuncia.

El sábado y el domingo forman el fin
de semana: the weekend.

Con los días de la semana debes usar la palabra **on.**
Lee estos ejemplos:

El lunes. **On Monday.**

Los viernes. On Fridays. En este caso te refieres a todos los viernes, por eso **Fridays** va en plural.

El miércoles a la mañana. On **Wednesday** morning.

Fíjate en estas oraciones:

Te veo el martes. See you **on Tuesday.**
Te veo el jueves a la mañana. See you **on Thursday** morning.
No me gustan los lunes. I don't like **Mondays.**

Recuerda cuáles son los días de la semana:

Domingo. 1. _____

Martes. 2. _____

Lunes. 3. _____

Jueves. 4. _____

Sábado. 5. _____

Miércoles. 6. _____

Viernes. 7. _____

Key UNIT 31: 1. Sunday 2. Tuesday 3. Monday 4. Thursday 5. Saturday
6. Wednesday 7. Friday

UNIDAD 32 · MAÑANA DE SEPTIEMBRE
UNIT 32 · SEPTEMBER MORNING

Fíjate cómo se dicen los meses: **months.**

Enero. **January.**
Febrero. **February.**
Marzo. **March.**
Abril. **April.**
Mayo. **May.**
Junio. **June.**

Julio. **July.**
Agosto. **August.**
Septiembre. **September.**
Octubre. **October.**
Noviembre. **November.**
Diciembre. **December.**

Las estaciones: **The seasons.**

Primavera: **Spring.**   Otoño. **Fall.**
Verano. **Summer.**   Invierno. **Winter.**

Con los meses, debes usar la palabra **in:**

Su cumpleaños es en diciembre. Her birthday is **in** December.
Ella viajará en Agosto. She's traveling **in** August.
Las vacaciones comienzan en Julio. Vacations start **in** July.

Contesta estas preguntas con los meses:

¿Cuándo comienza la primavera? When does spring start? 1. _____

¿Cuándo comienza el invierno? When does winter start? 2. _____

¿Cuándo comienza el otoño? When does fall start? 3. _____

¿Cuándo comienza el verano? When does summer start. 4. _____

Key UNIT 32: 1. In March 2. In December 3. In September 4. In June

UNIDAD 33 · HOLA, MI NOMBRE ES...
UNIT 33 · HELLO, MY NAME'S...

Imagínate que llegas a una entrevista de trabajo
y debes presentarte:

Hola, mi nombre es Antonio Martínez.
Hello, my name's Antonio Martínez.

Buenos días. Mi nombre es Julia Morales.
Good morning, my name's Julia Morales.

La recepcionista puede decirte:

Encantada de conocerlo, señor Martínez.
Nice to meet you, Mr. Martínez.

Encantada de conocerla, señorita Morales.
Nice to meet you, Ms Morales. Nice to meet you, Ms. Morales.

Seguramente se darán la mano.
En ese momento puedes decir:

Encantado de conocerla a usted también. **Nice to meet you too.**

Lee este diálogo:

-Good afternoon, my name's Antonio Martínez.
-Good afternoon, Mr. Martínez. Nice to meet you.
-Nice to meet you too.

Fíjate en otra manera más informal de presentarte:

Hola, soy Antonio **Hello, I'm Antonio.**
Hola, soy Julia. **Hi, I'm Julia.**

Cuando presentas a otra persona, debes hacerlo
usando la palabra **this**:

Te presento a mi hermano Luis. **This is my brother Luis.**
Te presento a María. **This is María.**

Imagina ahora que eres Antonio Martínez, y preséntate en estas situaciones:

-la recepcionista en una entrevista de trabajo a la mañana: 1.

_____

-un nuevo compañero de trabajo: 2. _____

-te han presentado al nuevo supervisor. ¿Qué dices? 3.

_____

Key UNIT 33: 1. Good morning, my name's Antonio Martínez.
2. Hello, I'm Antonio. 3. Nice to meet you

UNIDAD 34 · INVITADOS A CENAR
UNIT 34 · DINNER GUESTS

Unos amigos te han invitado a cenar a su casa.

Cuando llegas a su puerta y te invitan a pasar, te dirán:

Entren por favor. **Come in, please.**
O también: **please, come on in.**

Luego te pedirán que les des tu abrigo o tu cartera:

¿Pueden darme sus abrigos? **Can I take your coats?**
Permíteme tu cartera. **Let me take your purse.**

Y te invitarán a sentarte:
Por favor, siéntense.   **Please, have a seat.**
Please, take a seat.
Please, sit down.

Luego te ofrecerán que te sirvas tú mismo
la comida con esta frase:

Sírvete. **Help yourself.**
Si son varias personas: Sírvanse. **Help yourselves.**

Antes de comenzar, te podrán decir:

Que disfrutes tu comida. **Enjoy your meal.**
¡Buen provecho! **Bon appetit!**

Ahora imagina que tú tienes invitados a cenar.

Invítalos a pasar. 1. _____

Pídeles sus abrigos. 2. _____

Invítalos a que se sirvan un aperitivo. 3. _____

Deséales buen provecho. 4. _____

Key UNIT 34: 1. Come in, please. *O también,* Please, come on in. 2. Let me
take your coats. *O también,* Can I take your coats 3. Help yourselves, please
4. Enjoy your meal. *O también,* Bon appetit

UNIDAD 35 · ¿PUEDES PASARME LA SAL?
UNIT 35 · COULD YOU PASS ME THE SALT?

Ahora ya te encuentras cenando con tus amigos,
y uno de ellos te pide que le alcances algo que
está sobre la mesa.

¿Podrías pasarme la sal? Could you pass me the salt?

Cuando le entregas lo que te pidieron, puedes decir alguna
de estas cuatro frases, que significan *aquí tienes*.

Here you are.   **Here you go.**
There you are.   **There you go.**

Lee estas oraciones.

¿Puedes pasarme la ensalada? Could you pass me the salad?
Aquí tienes. **Here you are.**

¿Puedes pasarme el vino? Could you pass me the wine?
Aquí tienes. **There you are.**

¿Puedes pasarme las servilletas? Could you pass me the napkins?
Aquí tienes. **Here you go.**

¿Puedes pasarme el queso? Could you pass me the cheese?
Aquí tienes. **There you go.**

Responde a estos pedidos. Recuerda que cualquier opción que elijas
es correcta.

Could you pass me the napkins? 1. _____

Could you pass me the salad? 2. _____

Could you pass me the water? 3. _____

Could you pass me the salt? 4. _____

Key UNIT 35: 1. There you are 2.Here you go 3. There you go 4. Here you
are. Cualquier otra opción que hayas elegido también es correcta.

UNIDAD 36 · GRACIAS POR INVITARNOS
UNIT 36 · THANK YOU FOR INVITING US

Después de una deliciosa cena, ha llegado la hora de irse.

Fíjate en estas frases:

Tenemos que irnos.   We have to go.
We'd better go now.
We should go.
We should get going.

Antes de marcharte, agradecerás la invitación de alguna
de estas maneras:

Gracias. **Thanks.**
Gracias. **Thank you.**
Muchas gracias. **Thanks a lot.**
Muchísimas gracias. **Thank you very much.**
Gracias por la cena. **Thank you for dinner.**
Gracias por invitarnos. **Thank you for inviting us.**

Tu anfitrión podrá responder al agradecimiento con algunas de
estas frases que significan *no tienes por qué.*

You're welcome.   **That's OK.**   **No problem.**   **Anytime.**

Recuerda cómo decir estas frases:

Tenemos que irnos. 1. _____

Muchísimas gracias. 2. _____

Gracias por la cena. 3. _____

Muchas gracias por invitarnos. 4. _____

No tienes por qué. 5. _____

Key UNIT 36: 1. We have to go. We'd better go now. We should go. We should get going.
2. Thank you very much 3. Thank you for dinner 4. Thank you for inviting us
5. You're welcome. That's OK. No problem. Anytime

UNIDAD 37 · TIENES UN AMIGO
UNIT 37 · YOU HAVE A FRIEND

**Aprendamos cómo se usa el verbo have,
que quiere decir *tener*, en presente.**

Yo tengo un amigo. I **have** a friend
Tú tienes un amigo. You **have** a friend.
Usted tiene un amigo. You **have** a friend.
Él tiene un auto. He **has** a car.
Ella tiene un auto. She **has** a car.
El auto tiene cuatro puertas. The car **has** four doors.
Nosotros tenemos una idea. We **have** an idea.
Ustedes tienen una idea. You **have** an idea.
Ellos tienen una idea. They **have** an idea.

Para formar oraciones negativas, se agregan **don't** y **doesn't**.

Yo no tengo un amigo. I **don't have** a friend.
Tú no tienes un amigo. You **don't have** a friend.
Él no tiene un auto. He **doesn't have** a car.
El auto no tiene cuatro puertas. The car **doesn't have** four doors.
Nosotros no tenemos una idea. We **don't have** an idea.
Ellos no tienen una idea. They **don't have** an idea.

Escribe estas oraciones en inglés.

Yo no tengo un auto. 1. _____

Tú tienes un amigo. 2. _____

Ellos tienen una idea. 3. _____

Ella no tiene un auto. 4. _____

Nosotros tenemos un amigo. 5. _____

Key UNIT 37: 1. I don't have a car 2. You have a friend 3.They have an idea
4. She doesn't have a car 5. We have a friend

UNIDAD 38 · ¿TIENES UN MINUTO?
UNIT 38 · DO YOU HAVE A MINUTE?

Para hacer preguntas con el verbo have,
debes usar los auxiliares **do** y **does**.

¿Tienes 50 dólares? **Do you have** 50 dollars?
¿Tiene él 40 dólares? **Does he have** 40 dollars?
¿Tiene ella 70 dólares? **Does she have** 70 dollars?
¿Tenemos nosotros 90 dólares? **Do we have** 90 dollars?
¿Tienen ustedes 100 dólares? **Do you have** 100 dollars?
¿Tienen ellos 30 dólares? **Do they have** 30 dollars?

Para contestar con respuestas cortas,
por sí o por no, también usas **do** y **does**.

¿Tienes una hermana? **Do you have** a sister?
Sí, tengo. Yes, I do.
¿Tiene él trabajo? **Does he have** a job?
Si, tiene. Yes, he does.
¿Tienen ellos 50 dólares? **Do they have** 50 dollars?
No, no tienen. No, they don't.

Pregúntale a un amigo...

si tiene una hermana. 1. _____ ?

si tiene un auto. 2. _____ ?

si tiene un trabajo. 3. _____ ?

Completa las respuestas cortas.

Does he have a sister? No, 4. _____

Does she have a car? Yes, 5. _____

Do you have a minute? No, 6. _____

Key UNIT 38: 1. Do you have a sister 2. Do you have a car 3. Do you have a job
4. he doesn't 5. she does 6. I don't

UNIDAD 39 · ¿PUEDES HABLAR INGLÉS?
UNIT 39 · CAN YOU SPEAK ENGLISH?

Cuando quieres describir una habilidad que tú u otra persona tiene, usas el auxiliar **can**, que quiere decir **poder, ser capaz de**.

Yo puedo hablar español. **I can** speak Spanish.
Ella puede manejar. **She can** drive.
Él puede jugar al basquetbol. **He can** play basketball.
Nosotros podemos ganar el partido. **We can** win the game.

Puedes también usarlo en negativo, para expresar que no sabes o no puedes hacer algo:

Yo no puedo hablar español. **I can't** speak Spanish.
Ella no puede manejar. **She can't** drive.
Él no puede jugar al basquetbol. **He can't** play basketball.
Nosotros no podemos ganar el partido. **We can't** win the game.

Para hacer preguntas, colocas **can** al principio de la oración.

¿Puedes hablar español? **Can you** speak Spanish?
¿Puede ella manejar? **Can she** drive?
¿Puede él jugar al básquetbol? **Can he** play basketball?
¿Pueden ellos ganar el partido? **Can they** win the game?

Escribe estas oraciones en inglés:

¿Puedes hablar español? 1. _____ ?
Nosotros no podemos ganar el partido. 2. _____
Él puede jugar al basquetbol. 3. _____

Key UNIT 39: 1. Can you speak Spanish 2. We can't win the game 3. He can play basketball

UNIDAD 40 · A COMO EN ABRIL
UNIT 40 · A AS IN APRIL

Saber decir el alfabeto en inglés resulta imprescindible para muchas tareas cotidianas: deletrear nombres de personas, de calles, de ciudades. Para que puedas recordar cómo se dicen las vocales y consonantes, hemos relacionado las letras con una palabra que empieza con el sonido con que se pronuncian.

Letra	Pronunciación	Palabra que empieza con el sonido que se pronuncia la letra
a	ei	April
b	bi:	Bee
c	si:	CNN
d	di:	Dear
e	i:	e-mail
f	ef	effort
g	shi:	Gee
i	ái	idea
j	shei	Jason
k	kei	kind
l	el	elbow
m	em	embassy
n	en	NBA
o	óu	open
p	pi:	peanut
q	kiú	cute
r	a:r	artist
s	es	eskimo
t	ti:	team
u	yu:	united
v	vi:	veal
x	eks	excellent
y	wái	why
z	zi:	zebra

No incluimos estas letras porque no hay palabras que empiecen con los sonidos que se pronuncian.

Hache se dice [éich].   Doble v. se dice [dábliu].

Veamos ahora si puedes recordar cómo se dicen estas letras. Hemos agrupado las que suenan parecido. Léelas en voz alta.

Sonido [ei]	a April	j Jason	h éich	
Sonido [i:]	b Bee g Gee z zebra	c CNN p peanut	d Dear t team	e e-mail v veal
Sonido [ef]	f effort s eskimo	l elbow x excellent	m embassy	n NBA
Sonido [ai]	i idea	y why		
Sonido [iú]	q cute	u united	w [dábliu]	
Sonido [a:r]	r artist			
Sonido [óu]	o open			

UNIDAD 41 · UNA PREGUNTA, UNA RESPUESTA
UNIT 41 · A QUESTION, AN ANSWER

Los sustantivos son las palabras que usamos para nombrar personas, cosas o animales.

Mujer. **Woman**. Computadora. **Computer**. Perro. **Dog**.

Cuando nombramos una persona o un lugar específico usamos los sustantivos propios:

Paul   Sarah   Anne Johnson   San Francisco

Tuesday   December   Christmas

Cuando nombramos conceptos abstractos, que no se pueden tocar usamos los sustantivos abstractos:

Felicidad. Happiness.   Pregunta. Question.

Amor. Love.

Muchos sustantivos comunes y abstractos pueden ser usados con **a** o **an**, que quiere decir *un* o *una*:

Un amigo. **A** friend.

Una flor. **A** flower.

Una pregunta. **A** question.

Cuando la palabra que sigue empieza con vocal, debes agregarle una «n» y decir **an**:

Una manzana. **An** apple.

Un apartamento. **An** apartment.

Una idea. **An** idea.

Escribe las siguientes oraciones en inglés:

Yo tengo una idea. 1. _____

Ella tiene una flor. 2. _____

Él tiene un amigo. 3. _____

Él vive en un apartamento. 4. _____

Key UNIT 41: 1. I have an idea 2. She has a flower 3. He has a friend
4. He lives in an apartment

UNIDAD 42 · LA BELLA Y LA BESTIA
UNIT 42 · BEAUTY AND THE BEAST

Cuando estás hablando de algo o alguien que ya ha sido nombrado antes y está claro a quién o a qué te refieres, usas la palabra **the**, que significa *el, los, la* y *las*:

El jardín. **The** garden.

Los jardines. **The** gardens.

La cocina. **The** kitchen.

Las cocinas. **The** kitchens.

Fíjate en estas oraciones y compara **a** con **the**:

Tom tiene un bonito jardín. Tom has **a** beautiful garden.

Él está en el jardín ahora. He's in **the** garden now.

Esta es una cocina grande. This is **a** big kitchen.

La cocina está al lado del comedor diario. **The** kitchen is next to the dining room.

Fíjate en algunos ejemplos de casos muy comunes donde usas **the** porque te refieres a cosas únicas:

El Sol. **The** Sun.

La Tierra. **The** Earth.

La luna. **The** moon.

El mundo. **The** world.

Los Estados Unidos. **The** United States.

La capital de Argentina. **The** capital of Argentina.

El presidente de México. **The** president of Mexico.

Escribe estas oraciones en inglés:

Tengo un jardín. 1. _____

El jardín es hermoso. 2. _____

El presidente de los EE. UU. 3. _____

La capital de México. 4. _____

La luna y el sol. 5. _____

Key UNIT 42: 1. I have a garden 2. The garden is beautiful 3. The president of the U.S.A 4. The capital of Mexico 5. The moon and the sun

UNIDAD 43 · ¿DÓNDE ESTÁN MIS ANTEOJOS?
UNIT 43 · WHERE ARE MY GLASSES?

Los sustantivos contables se refieren a objetos concretos (una manzana) o conceptos abstractos (una idea) y tienen estas características:

En primer lugar, como su nombre lo dice, pueden ser contados.

Una taza. **One** cup.

Una manzana. **One** apple.

Un problema. **One** problem.

Dos tazas. **Two** cups.

Diez manzanas. **Ten** apples.

Seis problemas. **Six** problems.

También pueden usarse con **a** y **an** en singular :

Una casa. **A** house.

Una manzana. **An** apple.

Un problema. **A** problem.

Tienen plural:

Casas. **Houses**.   Manzanas. **Apples**.   Problemas. **Problems**.

Algunos sustantivos son siempre plurales. Escucha y repite:

Tijera. **Scissors**.

Anteojos. **Glasses**.

Jeans. **Jeans**.

Pantalones cortos. **Shorts**.

¿Dónde está la tijera? Where are the **scissors**?

Si quieres hablar de ellos en singular, debes decir **a pair of**:

Me compré un pantalón *jean*. I bought a **pair of jeans**.

Escribe en inglés estas frases con sustantivos contables:

Una casa. 1. _____

Dos manzanas. 2. _____

Un problema. 3. _____

Un buen auto. 4. _____

Tres libros. 5. _____

Una idea. 6. _____

Una tijera. 7. _____

Unos anteojos. 8. _____

Key UNIT 43: 1. A house 2. Two apples 3. A problem 4. A good car
5. Three books 6. An idea 7. A pair of scissors 8. A pair of glasses.

UNIDAD 44 · UNA OVEJA, DOS OVEJAS...
UNIT 44 · ONE SHEEP, TWO SHEEP...

El plural de los sustantivos puede formarse
agregando una «s»:

One flower. **Six flowers** A friend. **Two friends**
A car. **Four cars**

Cuando el sustantivo termina en «sh», «ch»,
«ss» y «x», se agrega **-es**:

A dish. Five dish**es**. A match. Three match**es**.
A class. Two class**es**. A box. Two box**es**.

Cuando el sustantivo termina con «y» después de una
consonante, en el plural se transforma en «ies»:

A city. Two cit**ies**.
A lady. Three lad**ies**.

Si delante de la «y» hay una vocal, se agrega una «s»:

A day. Seven days.   A boy. Five boys.

La mayoría de los sustantivos que terminan en «fe» cambian en el plural por «ves»:

A knife. Four knives.   A wife. Six wives.

Algunos sustantivos cambian al formar el plural:

A man. Three **men**.
A woman. Two **women**.
One child. Seven **children**.
A person. Two **people**.
A foot. Two **feet**.

Otros pueden no cambiar:

One sheep. Two **sheep**.   A fish. Six **fish**.

Escribe el plural de estas palabras:

Woman. 1._____

Piano. 2._____

Friend. 3._____

Foot. 4._____

City. 5._____

Day. 6._____

Dish. 7._____

Key UNIT 44: 1. Women 2. Pianos 3. Friends 4. Feet 5. Cities 6. Days 7. Dishes

UNIDAD 45 · ¡NO HAY TAXIS!
UNIT 45 · THERE ARE NO CABS!

Escuchemos cómo se pronuncian los
plurales de los sustantivos:

La «s» final se pronuncia [s] cuando delante
tiene los sonidos como **f, k, t** o **p**:

Chefs. Books. Dates. Lips.

La «s» final se pronuncia [z] cuando delante tiene los
sonidos de una **vocal, b, d, g, l, m, n, r, w, y**:

Cabs. Passwords. Dogs. Dolls.
Arms. Cans. Drivers. Laws. Keys.

Las palabras que terminan en «s» o «es» se pronuncian [ez]
después de «sh», «ch», «s», «z», «ge» y «dge»:

Dishes. Matches. Bosses.
Prizes. Wages. Judges.

Lee en voz alta el singular y el plural de estos sustantivos.
Agrégale [ez] al plural, como en **dish-dishes**:

Match. Matches. Boss. Bosses. Prize. Prizes.
Wage. Wages. Judge. Judges.

Lee en voz alta el singular y el plural de estos sustantivos.
Agrégale [z] al plural, como en **dog-dogs**:

Cab. Cabs. Password. Passwords. Doll. Dolls.
Arm. Arms. Can. Cans. Driver. Drivers.
Law. Laws. Key. Keys.

Lee en voz alta el singular y el plural de estos sustantivos.
Agrégale [s] al plural, como en **chef-chefs**:

Book. Books. Date. Dates. Lip. Lips.

UNIDAD 46 · DOS VASOS DE VINO
UNIT 46 · TWO GLASSES OF WINE

Los sustantivos incontables pueden nombrar objetos concretos (mantequilla), o conceptos abstractos (felicidad), pero tienen estas características que los diferencian de los sustantivos contables:

No pueden ser contados con números solamente.
Fíjate en estos ejemplos:

Música. Music   Mantequilla. Butter   Tiempo. Weather

No puedes decir one butter, two weathers, ten musics.

No pueden usarse con **a** y **an**. **No puedes decir:**

A butter, a weather, a music.

No tienen plural, por lo tanto **no puedes
decir** butters, weathers, musics.

Los sustantivos incontables pueden nombrar sustancias de diferente clase y conceptos abstractos:

Líquidos:
Agua. **Water**   Leche. **Milk**   Vino. **Wine**   Sopa. **Soup**   Café. **Coffee**

Sólidos:
Queso. **Cheese**   Pollo. **Chicken**   Madera. **Wood**   Jabón. **Soap**

Gaseosos:
Aire. **Air**   Humo. **Smoke**

Conceptos abstractos:
Experiencia. **Experience**   Tiempo. **Time**   Honestidad. **Honesty**

Para expresar cantidad puedes usarlos en combinación con palabras como estas, para cuantificar sustancias:

Cinco tazas. Five **cups**.   Dos vasos. Two **glasses**.
Un trozo/una porción. A **piece**.

Escribe estas frases con sustantivos incontables en inglés:

Cinco tazas de café. 1. _____

Dos vasos de leche. 2. _____

Un vaso de vino. 3. _____

Tres porciones de queso. 4. _____

Un trozo de madera. 5. _____

Key UNIT 46: 1. Five cups of coffee 2. Two glasses of milk 3 A glass of wine
4. Three pieces of cheese 5. A piece of wood

UNIDAD 47 · TENGO ALGO DE DINERO
UNIT 47 · I HAVE SOME MONEY

Para indicar cantidad indefinida, tanto con sustantivos contables como con incontables, se usan **some** y **any**:

Some quiere decir *algo de, algunos, algunas*. Se usa principalmente en oraciones afirmativas, delante del sustantivo:

Necesito algunas naranjas. I need **some** oranges.
Tengo algo de dinero. I have **some** money.

Some se usa en preguntas en estos dos casos:

Cuando se ofrece algo:
¿Quisieras tomar café? Would you like **some** coffee?

Cuando pedimos algo:
¿Puedo tomar un poco de agua? Can I have **some** water?

Any se usa en oraciones negativas y en preguntas:

En oraciones negativas quiere decir *nada de, ningún, ninguna*, aunque en español generalmente no usamos ninguna palabra:

No tengo nada de dinero. I don't have **any** money.
No hay manzanas. There aren't **any** apples.

En preguntas quiere decir *algo de, algún, alguna, algunos, algunas*:

¿Hay algunas manzanas? Are there **any** apples?
¿Hay algo de café? Is there **any** coffee?

Escribe estas oraciones en inglés:

Hay algunos problemas. 1. _____

Necesito algo de mantequilla. 2. _____

¿Tienes algo de dinero? 3. _____ ?

No hay nada de vino. 4. _____

Key UNIT 47: 1. There are some problems 2. I need some butter
3. Do you have any money 4. There isn't any wine

UNIDAD 48 · NECESITO HUEVOS Y TOCINO
UNIT 48 · I NEED SOME EGGS AND BACON

Cuando quieres hablar de cantidad indefinida con sustantivos contables, puedes usar estas palabras:

Algunos. **Some.**   Un montón. **A lot.**
Muchos. **Many.**   Unos. **A few.**

Algunas zanahorias. **Some** carrots.
Un montón de manzanas. **A lot** of apples.
Muchos tomates. **Many** tomatoes.
Unos limones. **A few** lemons.

Necesito algunas naranjas. I need **some** oranges.
Hay unas frutillas. There are **a few** strawberries.

Cuando quieres hablar de cantidad indefinida con sustantivos incontables, puedes usar estas palabras:

Mucho. **Much.**   Un montón. **A lot.**   Algo. **Some.**   Un poco. **A little.**

Mucho pollo. **A lot** of chicken.
Algo de pescado. **Some** fish.
Un poco de tocino. **A little** bacon.

No hay mucho pescado. There isn't **much** fish.

Necesito mucho tocino. I need **a lot** of bacon.

Completa los espacios en blanco con las palabras **much, some, a lot of, a few,** y **many.**

Hay unas naranjas. There are 1._____ oranges.

Necesito algo de pollo. I need 2._____ chicken.

Hay mucho pescado. There's 3._____ fish.

No hay mucho tocino. There isn't 4._____ bacon.

No hay muchos tomates. There aren't 5._____ tomatoes.

Key UNIT 48: 1. a few 2. some 3. a lot of 4. much 5. many

UNIDAD 49 · ¡SALGAMOS!
UNIT 49 · LET'S GO OUT!

Tú y tus amigos están planeando el fin de semana.
Para sugerir algo puedes usar la frase **Let's.**

Fíjate en estas sugerencias:
Salgamos a cenar. **Let's go** out for dinner.
Vayamos al cine. **Let's go** to a movie.
O también: **Let's go** see a movie.

También puedes usar la frase **Why don't**, que quiere decir *¿Por qué no...?* Lee estos ejemplos:

¿Por qué no vamos a cenar? **Why don't** we go out for dinner?
¿Por qué no vamos al cine? **Why don't** we go to a movie?

Para aceptar una sugerencia, puedes decir:

Buena idea. **Good idea.**
Es una buena idea. **That's a good idea.**

Fíjate en estos diálogos.

Let's go to a movie. **Good idea!**
Why don't we go to a disco? **That's a good idea.**

Fíjate en la frase y haz una sugerencia primero usando **Let's** y luego **Why don't**.

(go to a movie)   1. _____

2. _____ ?

(go out for dinner)   3. _____

4. _____ ?

Key UNIT 49: 1. Let's go to a movie 2. Why don't we go to a movie
3. Let's go out for dinner 4. Why don't we go out for dinner

UNIDAD 50 · ¿Y TÚ?
UNIT 50 · HOW ABOUT YOU?

Cuando quieres sugerir algo, puedes usar las expresiones
How about y **What about** que quieren decir
¿Qué tal si... o *¿Qué te parece si...?*

Pueden ir seguidas de un verbo terminado en **-ing**.

¿How about eating...?   **How about** going ...?
What about staying...?

¿Qué tal si comemos afuera? **How about** eating out?
¿Qué te parece si invitamos a Jenny? **What about** inviting Jenny?

Pueden ir seguidas de un sustantivo:

Podríamos invitar a alguien. We could invite someone.
¿Que te parece Jennifer? **How about** Jennifer?

¿A qué hora nos encontramos? What time are we meeting?
¿Qué tal a las siete? **What about** seven o'clock?

How about you? y **What about you?** se usan también para
hacer una pregunta sobre una información que se acaba de dar.

Fíjate en estos ejemplos.

Estoy contenta. ¿Y tú?. I'm happy. **How about** you?
Estoy cansado. ¿Y tú?. I'm tired. **What about** you?

Practica con estos ejercicios. Tanto **How about** como
What about serán correctos en tu respuesta:

Sugiere hacer una actividad con estas situaciones:

Go to the movies. 1. _____ to the movies?
Eat out. 2. _____ out?
Stay at home. 3. _____ at home?

Haz una pregunta relacionada con lo que dices:

I'm happy. 4. _____ ?
I like chocolate. 5. _____ ?
I speak Spanish. 6. _____ ?

Key UNIT 50: 1. How about going 2.What about eating 3. How about staying
4. What about you 5. How about you   6. How about you

UNIDAD 51 · ¡HAY UNA MOSCA EN MI SOPA!
UNIT 51 · THERE'S A FLY IN MY SOUP!

En español, el verbo *haber* no cambia cuando
se lo usa en singular o plural.

Decimos, por ejemplo: Hay una taza. Hay cinco tazas.

En inglés **sí debes cambiar** el verbo según lo uses en singular o plural.

Hay en singular se dice **There is**, y se usa en su forma contraída **There's**.
Hay una taza. **There's** a cup.

Hay en plural se dice **There are**. **There are** five cups.

Fíjate en estos ejemplos.
Hay un vaso. **There's** a glass. / Hay seis vasos. **There are** six glasses.
Hay un plato. **There's** a dish. / Hay diez platos. **There are** ten dishes.

Fíjate en la descripción de algunos de las utensilios que
hay sobre una mesa de un restaurante:
Hay una botella de vino. **There's** a bottle of wine.
Hay una taza de café. **There's** a cup of coffee.
Hay dos platos. **There are** two dishes.
Hay cuatro vasos. **There are** four glasses.

Escribe en inglés las siguientes oraciones:

Hay una taza de café. 1. _____

Hay cuatro vasos. 2. _____

Hay dos platos. 3. _____

Hay una botella de vino. 4. _____

Key UNIT 51: 1. There's a cup of coffee 2. There are four glasses
3. There are two dishes 4. There's a bottle of wine

UNIDAD 52 · ¿HAY UN BUEN RESTAURANTE POR AQUÍ?
UNIT 52 · IS THERE A GOOD RESTAURANT NEAR HERE?

Para hacer preguntas con **there is** o **there are**, llevas **is** o **are** al principio de la oración, como en estos ejemplos:

¿Hay una cuchara? **Is there** a spoon?
¿Hay seis tenedores? **Are there** six forks?

Fíjate en estas preguntas:

¿Hay un cuchillo? **Is there** a knife?
¿Hay cuatro tenedores? **Are there** four knives?
¿Hay una cuchara? **Is there** a spoon?

Para hacer oraciones negativas, usas **There isn't** o **There aren't**. Lee estos ejemplos:

There's a spoon. **There isn't** a spoon.
There are four knives. **There aren't** four knives.

Lee estas oraciones negativas:

No hay una cuchara. **There isn't** a spoon.
No hay cuatro cucharas. **There aren't** four spoons.
No hay dos servilletas. **There aren't** two napkins.

Fíjate cómo contestar con respuestas cortas:

Is there a knife?	Are there four knives?
Sí, hay. Yes, **there is**.	Sí, hay. Yes, **there are**.
No, no hay. No, **there isn't**.	No, no hay. No, **there aren't**.

Transforma ahora estas oraciones afirmativas en negativas y viceversa:

There's a spoon. 1. _____

There are four forks. 2. _____

There's a napkin. 3. _____

Haz estas preguntas con estas oraciones:

¿Hay un cuchillo? 4. _____

¿Hay dos tenedores? 5. _____ ?

¿Hay tres servilletas? 6. _____ ?

Contesta con repuestas cortas:

Are there four napkins? Yes, 7. _____

Is there a spoon? No, 8. _____

Key UNIT 52: 1. There isn't a spoon 2. There aren't four forks
3. There isn't a napkin 4. Is there a knife 5. Are there two forks
6. Are there three napkins 7. there are 8. there isn't

UNIDAD 53 · TE PRESENTO A MIS PADRES
UNIT 53 · MEET MY PARENTS

Lee cómo se dicen los miembros de una familia.

Comencemos por tu familia:

Si eres soltero, **single**,
la forman tus padres: **parents**,
es decir tu madre: **mother** y tu padre: **father**,
un hermano: **brother** y una hermana: **sister**.

También están tus abuelos: **grandparents**,
es decir, tu abuela: **grandmother** y tu abuelo: **grandfather**.

También está tu tía: **aunt** y tu tío: **uncle**.
Sus hijos son tus primos: **cousins**.

Quizás tengas un novio: **boyfriend** o una novia: **girlfriend**.

Si estás casado: **married**, tendrás una esposa: **wife**,
Si eres mujer, tendrás un marido: **husband**.
Quizás tienes varios hijos: **children** o solo un hijo: **child**.
Puede ser un varón: **son** o una mujer: **daughter**.

La familia de tu esposa es tu familia política: your **in-laws**.
Está formada por tu suegra: your **mother in-law**.
y tu suegro: your **father in-law**.
También está tu cuñada: your **sister in-law**,
y tu cuñado: your **brother in-law**.

Si tu hermano o hermana tienen hijos, puedes tener
una sobrina: **niece** o un sobrino: **nephew**.

Veamos ahora si recuerdas lo que has aprendido. Completa con la palabra correcta:

Si eres soltero o soltera, tu familia puede estar formada por:

1. _____ , 2. _____ , 3. _____ , 4. _____

Si eres casado o casada y tienes hijos, tu familia puede estar formada por:

5. _____ or 6. _____ , 7. _____ or 8. _____

Key UNIT 53: 1. your father 2. your mother 3. your brother 4. your sister
5. your wife   6. husband 7. a child 8. children

UNIDAD 54 · ¿CUÁNTOS AÑOS TIENES?
UNIT 54 · HOW OLD ARE YOU?

Fíjate cómo preguntar la edad:
¿Cuántos años tienes? How old are you?

La respuesta puede ser: Tengo 24 años. I'm 24.
O también: I´m 24 years old.

Debes decir la edad siempre con el verbo **to be**.

Fíjate en este diálogo:

How old are you? Tengo 24 años. **I'm** 24.

How old are you? Tengo 24 años. **I'm** 24 years old.

Lee estas oraciones:

Mi sobrino tiene 18 años. My nephew **is** 18.

Mi primo tiene 46 años. Mi cousin **is** 46 years old.

Mi tía tiene 54 años. My aunt **is** 54.

Mi esposa tiene 35 años. Mi wife **is** 35.

Yo tengo 72 años. **I'm** 72 years old.

Responde estas preguntas usando el número que se te indica.
Recuerda que decir **years old** es también correcto.

How old are you? (27) 1. _____

How old is your sister? (12) 2. _____

How old is your father in-law? (67) 3. _____

How old is your niece? (9) 4. _____

Ahora pregunta tú la edad de estas personas:

Your father. 5. _____?

Your grandmother. 6. _____?

Your wife. 7. _____?

Your son. 8. _____?

Key UNIT 54: 1. I'm 27 2. She's 12 3. He's 67 4. She's nine 5. How old is your father
6. How old is your grandmother 7. How old is your wife 8. How old is your son

UNIDAD 55 · MIL Y UNA NOCHES
UNIT 55 · ONE THOUSAND AND ONE NIGHTS

Veamos ahora los números del 200 al 1000.

Doscientos. **Two hundred.**
Trescientos. **Three hundred.**
Cuatrocientos. **Four hundred.**
Quinientos. **Five hundred.**
Seiscientos. **Six hundred.**
Setecientos. **Seven hundred.**
Ochocientos. **Eight hundred.**
Novecientos. **Nine hundred.**
Llegamos al mil: **one thousand.** O también: **a thousand.**

Lee como decir estos números:

Doscientos cuarenta. **Two hundred forty.**
Quinientos sesenta. **Five hundred sixty.**
Ochocientos cuarenta y dos. **Eight hundred forty-two.**
Novecientos cincuenta y siete. **Nine hundred fifty-seven.**
Mil diez. **One thousand ten.**
Mil trescientos. **One thousand three hundred.**
Mil trescientos cincuenta. **One thousand three hundred fifty.**
Mil trescientos cincuenta y dos.
One thousand three hundred fifty-two.

Ahora practica escribir los números que has aprendido:

Doscientos. 1. _____

Quinientos. 2. _____

Setecientos. 3. _____

Setecientos veinte. 4. _____

Setecientos veinticuatro. 5. _____

Mil. 6. _____

Mil cuatro. 7. _____

Mil cien. 8. _____

Mil ciento seis. 9. _____

Mil ciento ochenta. 10. _____

Mil ciento ochenta y nueve. 11. _____

Key UNIT 55: 1. Two hundred 2. Five hundred 3. Seven hundred 4. Seven hundred and twenty 5. Seven hundred and twenty-four 6. One thousand 7. One thousand and four 8. One thousand one hundred 9. One thousand and six   10. One thousand one hundred eighty 11. One thousand one hundred eighty nine

UNIDAD 56 · NACÍ EN 1978
UNIT 56 · I WAS BORN IN 1978

Fíjate cómo puedes preguntarle a alguien su fecha de nacimiento:

¿Cuándo naciste? **When were you born?**

Si preguntas con los pronombres **he** o **she**,
debes usar la frase **was born**.

¿Cuándo nació él? **When was he born?**
¿Cuándo nació ella? **When was she born?**

En la respuesta, dirás el año. Los años hasta el
mil novecientos se dicen de esta forma:

Mil novecientos setenta y ocho. **Nineteen seventy-eight.**
Mil novecientos sesenta y tres. **Nineteen sixty-three.**

El año *dos mil* se dice **two thousand.**

De ahí en adelante, los dices como dirías
cualquier número que termina en mil:

Dos mil seis. **Two thousand six.**
Dos mil veinte. **Two thousand twenty.**

Lee este diálogo:

When were you born? I was born in nineteen eighty-seven.

También puedes dar una respuesta corta:

When were you born? In nineteen eighty-seven.
When was she born? In nineteen ninety.

Contesta la pregunta con una respuesta corta.
Usa el año que se te indica:

When was she born? 1958. 1. _____

When were you born? 1991. 2. _____

When was he born? 2000. 3. _____

Key UNIT 56: 1. In nineteen fifty-eight 2. In nineteen ninety-one 3. In two thousand

UNIDAD 57 · UN ANILLO DE CUATRO MIL DÓLARES
UNIT 57 · A FOUR-THOUSAND-DOLLAR RING

Veamos ahora los números del 2000 al 10,000.

Dos mil. **Two thousand.**

Tres mil. **Three thousand.**

Cuatro mil. **Four thousand.**

Cinco mil. **Five thousand.**

Seis mil. **Six thousand.**

Siete mil. **Seven thousand.**

Ocho mil. **Eight thousand.**

Nueve mil. **Nine thousand.**

Llegamos al 10,000: **ten thousand.**

Fíjate cómo decir estos números:

Once mil. Eleven thousand.	Quince mil. Fifteen thousand.
Doce mil. Twelve thousand.	Dieciséis mil. Sixteen thousand.
Trece mil. Thirteen thousand.	Diecisiete mil. Seventeen thousand.
Catorce mil. Fourteen thousand.	Dieciocho mil. Eighteen thousand.

Diecinueve mil. Nineteen thousand.

Ahora escribe los números que has aprendido:

Cinco mil. 1. _____

Quince mil. 2. _____

Seis mil. 3. _____

Dieciséis mil. 4. _____

Siete mil. 5. _____

Diecisiete mil. 6. _____

Ocho mil. 7. _____

Dieciocho mil. 8. _____

Nueve mil. 9. _____

Diecinueve mil. 10 _____

Key UNIT 57: 1. Five thousand 2. Fifteen thousand 3. Six thousand 4. Sixteen thousand
5. Seven thousand 6. Seventeen thousand 7. Eight thousand 8. Eighteen thousand
9. Nine thousand 10 Nineteen thousand

UNIDAD 58 · MI PRIMER MILLÓN
UNIT 58 · MY FIRST MILLION

Veamos ahora los números del 200,000 al billón.

Veinte mil. **Twenty thousand.**
Treinta mil. **Thirty thousand.**
Cuarenta mil. **Forty thousand.**
Cincuenta mil. **Fifty thousand.**

Sesenta mil. **Sixty thousand.**
Setenta mil. **Seventy thousand.**
Ochenta mil. **Eighty thousand.**
Noventa mil. **Ninety thousand.**

Llegamos a 100,000: **One hundred thousand.**
O también: **A hundred thousand.**

Un millón. **One million.**

Mil millones. **One billion.**

Fíjate en estos números:

Doscientos mil. **Two hundred thousand.**
Trescientos mil. **Three hundred thousand.**
Cuatrocientos mil. **Four hundred thousand.**
Quinientos mil. **Five hundred thousand.**
Seiscientos mil. **Six hundred thousand.**
Setecientos mil. **Seven hundred thousand.**
Ochocientos mil. **Eight hundred thousand.**
Novecientos mil. **Nine hundred thousand.**

Ahora escribe los números que has aprendido:

Doscientos mil. 1. _____

Dos millones. 2. _____

Trescientos mil. 3. _____

Tres millones. 4. _____

Cuatrocientos mil. 5. _____

Cuatro mil millones. 6. _____

Quinientos mil. 7. _____

Cinco mil millones. 8. _____

Key UNIT 58: 1. Two hundred thousand 2. Two million 3. Three hundred thousand 4. Three million 5. Four hundred thousand 6. Four billion 7. Five hundred thousand 8. Five billion

UNIDAD 59 · ¿EN QUÉ PUEDO AYUDARLO?
UNIT 59 · ¿MAY I HELP YOU?

Lee lo que pueden decirte en una tienda cuando
vas a comprar algo:

¿En qué puedo ayudarlo? **May I help you?**

O también: **Can I help you?**

Si solo estás mirando, dirás: **I'm just looking, thanks.**

Si quieres comprar algo, podrás usar algunas de estas expresiones:

Estoy buscando. **I'm looking for.**
Estoy buscando una chaqueta. **I'm looking for** a jacket.

Quisiera ver. **I'd like to see.**
Quisiera ver un suéter. **I'd like to see** a sweater.

Necesito. **I need.**
Necesito una camisa. **I need** a shirt.

Cuando te decides a llevar algo, dirás:

Lo llevo. **I'll take it.**   Los llevo. **I'll take them.**

A la hora de pagar, puedes preguntar:

¿Cuánto es? **How much is it?**

Escribe estas oraciones en inglés:

Quisiera ver una chaqueta. 1. _____

Sólo estoy mirando, gracias. 2. _____

Quiero un par de jeans. 3. _____

Lo llevo. 4. _____

¿Cuánto cuesta? 5. _____?

Key UNIT 59: 1. I'd like to see a jacket 2. I'm just looking, thanks
3. I'd like to see a pair of jeans 4. I'll take it 5. How much is it

UNIDAD 60 · LOS COLORES DEL ARCO IRIS
UNIT 60 · THE COLORS OF THE RAINBOW

Cuando quieres saber el color de algo, puedes preguntar:

¿De qué color es? **What color is it?**

Lee estas comparaciones con los colores:

Negro. **Black.**   Blanco. **White.**
Negro como el carbón. **Black** as coal.
Blanca como la nieve. **White** as snow.

Azul. **Blue.**   Verde. **Green.**
Azul como el cielo. **Blue** as the sky.
Verde como el césped. **Green** as the grass.

Rojo. **Red.**   Pink. **Rosa.**
Rojo como la sangre. **Red** as blood.
Rosa como un flamenco. **Pink** as a flamingo.

Amarillo. **Yellow.**   Naranja. **Orange.**
Amarillo como un limón. **Yellow** as a lemon.
Naranja como una calabaza. **Orange** as a pumpkin.

Marrón. **Brown.**   Gris. **Gray.**
Marrón como el chocolate. **Brown** as chocolate.
Gris como un día nublado. **Gray** as a cloudy day.

Ahora contesta estas preguntas:

What color is an orange? 1. _____

What color is the grass? 2. _____

What color is chocolate? 3. _____

What color is a flamingo? 4. _____

What color is coal? 5. _____

What color is the sky? 6. _____

What color is blood? 7. _____

What color is a lemon? 8. _____

What color is snow? 9. _____

Key UNIT 60: 1. Orange 2. Green 3. Brown 4. Pink 5. Black 6. Blue
7. Red 8. Yellow 9. White

UNIDAD 61 · ME GUSTAN AQUELLOS ZAPATOS ROJOS
UNIT 61 · I LIKE THOSE RED SHOES

Fíjate como se dicen las diferentes clases de ropa.

La ropa. **Clothes.**

Chaqueta. **Jacket.**
Abrigo. **Coat.**
Impermeable. **Raincoat.**
Suéter. **Sweater.**
Camiseta. **T-shirt.**
Camisa. **Shirt.**

Blusa. **Blouse.**
Pantalones. **Pants.**
Falda. **Skirt.**
Zapatos tenis. **Sneakers.**
Zapatos. **Shoes.**

Cuando quieres expresar que algo te gusta o no,
usas estas expresiones:

Me gusta. **I like.**   No me gusta. **I don't like.**

Lee estas oraciones:

Me gusta ese abrigo. **I like that coat.**
No me gustan esos pantalones. **I don't like those pants.**
Me gusta esa blusa. **I like that blouse.**
No me gustan esos zapatos. **I don't like those shoes.**
Me gusta tu camisa. **I like your shirt.**
No me gusta su chaqueta. **I don't like his jacket.**

Practica lo que has aprendido. Di que te gusta esta ropa:

That jacket. 1. _____

His raincoat. 2. _____

Her blouse. 3. _____

Ahora di que no te gusta esta ropa:

My shoes. 4. _____

Those pants. 5. _____

That skirt. 6. _____

Key UNIT 61: 1. I like that jacket 2. I like his raincoat 3. I like her blouse
4. I don't like my shoes 5. I don't like those pants 6. I don't like that skirt

UNIDAD 62 · ¿PODRÍA REPETIRLO?
UNIT 62 · COULD YOU REPEAT THAT?

Cuando tienes que pedirle a alguien que haga algo, puede usar las palabras **Could** y **Can**, acompañada por **please**.

En situaciones más formales, se usa **Could**, que quiere decir *podría o podrías:*

En tu trabajo, tu jefe te pide que hagas algunas tareas.

¿Podría llamar al señor Suárez, por favor?
Could you call Mr. Suárez, please?
¿Podría contestar el teléfono? **Could you answer the phone?**

En situaciones más informales, se usa **Can**, que quiere decir *puede o puedes:*

En tu casa, tu mujer te pide que hagas algunas tareas.

¿Puedes cocinar esta noche? **Can you cook dinner tonight?**
¿Puedes lavar los platos, por favor? **Can you wash the dishes, please?**

Las respuestas pueden ser:

Claro. **Sure.**   De acuerdo. **OK.**
Por supuesto. **Of course.**   Seguro. **Certainly.**
Lo lamento, no puedo. **I'm sorry, I can't.**

Haz estos pedidos en una situación formal. Usa las palabras que están entre paréntesis.

(call-Mr. Suárez) 1. _____ ?

(answer-the phone) 2. _____ ?

Ahora haz estos pedidos en una situación más informal:

(cook-tonight) 3. _____ ?

(wash-the dishes) 4. _____ ?

Key UNIT 62: 1. Could you call Mr. Suárez   2. Could you answer the phone
3. Can you cook tonight   4. Can you wash the dishes, please

UNIDAD 63 · QUISIERA HABLAR CON LA SEÑORA BLACK
UNIT 63 · I'D LIKE TO SPEAK TO MRS. BLACK

Fíjate en estas expresiones que te resultarán útiles cuando tengas que hacer una llamada telefónica más formal, como por ejemplo, a tu trabajo o para hablar con la secretaria de un médico.

Quisiera hablar con ... **I'd like to speak to**...

Quisiera hablar con la señora Black, por favor.
I'd like to speak to Mrs. Black, please.

¿Podría hablar con...? **Could I speak to...?**

¿Podría hablar con el señor White? **Could I speak to Mr. White?**

Seguramente te preguntarán quién eres:
¿De parte de quién? **Who's calling?**

Y tú te presentarás usando la palabra **this**:
Habla María Smith. **This is** María Smith.

Lee este diálogo:
-(Sonido de teléfono) Hello?
-Hello, I'd like to speak to Mrs. Black, please.
-Who's calling?
-This is María Smith.

Completa los espacios en blanco con la palabra adecuada.

¿Podría hablar con el señor White? Could I 1._____to Mr. White?

¿De parte de quién? Who's 2. _____?

Habla María Smith. 3. _____is María Smith.

Key UNIT 63: 1. speak 2. calling 3.This

UNIDAD 64 · ESPERE, POR FAVOR
UNIT 64 · HOLD ON, PLEASE

Si la persona a la que llamas está, te podrán decir:

Aguarde por favor. **Hold on, please.**
La comunico. **I'll put you through.**
O también: **I'll connect you.**

Más informal:

La comunico con ella: **I'll get her.**
Lo comunico con él: **I'll get him.**

Lee este diálogo:

-(Sonido de teléfono) Hello?
-Hello, I'd like to speak to Mrs. Black, please.
-Who's calling?
-This is María Smith.
-Hold on please.
-I'll put you through.

Cuando la persona a la que llamas atiende el teléfono, te dirá **speaking**, que quiere decir *habla él* o *habla ella*.

-¿Podría hablar con John White, por favor?
Could I speak to John White, please?
-Él habla. **Speaking.**

Luego podrás decirle el motivo de tu llamado:

Llamo por o llamo para: **I'm calling about...**
Lo llamo por la oferta de trabajo.
I'm calling about the job offer.

Lee esta conversación telefónica:

- Could I speak to John White, please?
- Speaking.
- I'm calling about the job offer.

Practica lo que has aprendido. Completa los espacios en blanco con la palabra adecuada:

Aguarde, por favor. 1. _____ , please.

La comunico. I'll 2._____ you _____

I'll 3. _____ you. I'll 4. _____ him/her.

Habla ella. 5._____

Habla él. 6. _____

Lo llamo por el trabajo. I'm 7. _____ the job.

Key UNIT 64: 1. Hold on 2. put ... through 3. connect 4. get 5. Speaking
6. Speaking 7. calling about

UNIDAD 65 · MENSAJE EN UNA BOTELLA
UNIT 65 · MESSAGE IN A BOTTLE

Puede suceder que llames a alguien y esa persona
no se encuentra.

La operadora te dirá:
Lo siento, pero... **I'm sorry but...**

Lo siento, pero el señor Black no se
encuentra en este momento.
I´m sorry but Mr. Black is not here right now.

¿Quiere dejar un mensaje?
May I take a message?

Y tu contestarás:

Sí, por favor. **Yes, please.**
O también:
No, gracias. Llamaré más tarde.
No thank you. I'll call back later.

También tú puedes preguntar si puedes dejar
un mensaje, de esta manera:

May I leave a message?

Y el mensaje puede ser:
Podría pedirle que... **Could you ask her to ...?**
Podría decirle que... **Could you tell her to..?**
Podría pedirle que me llame? **Could you ask her to call me?**
¿Podría decirle que la llamé? **Could you tell him I called?**

Recuerda lo que has aprendido. Escribe estas oraciones en inglés:

Lo siento, pero el señor Black no está en este momento.
1. _____

¿Quiere dejar un mensaje? 2. _____ ?

¿Puedo dejar un mensaje? 3. _____ ?

Llamaré más tarde. 4. _____

¿Podría pedirle que me llame? 5. _____ ?

¿Podrías decirle que llamé? 6. _____ ?

Key UNIT 65: 1. I'm sorry but Mr. Black is not here right now. 2. May I take a message 3. May I leave a message 4. I'll call back later 5. Could you ask her to call me 6. Could you tell him I called?

UNIDAD 66 · ¡MI NUEVA CASA!
UNIT 66 · MY NEW HOUSE!

Fíjate cómo se dicen las habitaciones de una casa:

Sala de estar. **Living room.**
Comedor. **Dining room.**
Cocina. **Kitchen.**
Baño. **Bathroom.**
Dormitorio. **Bedroom.**
Lavadero. **Laundry room.**
Jardín. **Garden.**

Ahora imagina que un agente inmobiliario te está mostrando una casa que quieres comprar.

Esta es la sala de estar. **This is the living room.**
El comedor está por allí. **The dining room is over there.**
Esta es la cocina. **This is the kitchen.**
El baño está allí. **The bathroom is right there.**

Aquellos son los dormitorios. **Those are the bedrooms.**
El lavadero está por allí. **The laundry room is over there.**
Aquel es el jardín. **That's the garden.**

Contesta estas preguntas en inglés:

¿Dónde te sientas en el sofá y miras televisión? 1. _____

¿Dónde preparas la comida? 2. _____

¿Dónde almuerzas y cenas? 3. _____

¿Dónde lavas la ropa? 4. _____

¿Dónde duermes? 5. _____

¿Dónde lees en verano? 6. _____

Key UNIT 66: 1. In the living room 2. In the kitchen 3. In the dining room
4. In the laundry room 5. In the bedroom 6. In the garden

UNIDAD 67 · ¡QUÉ HERMOSO MUNDO!
UNIT 67 · WHAT A WONDERFUL WORLD!

Una amiga te visita en tu nueva casa y
expresa lo mucho que le gusta.

Fíjate en estas expresiones:

¡Qué casa acogedora!. **What a cozy house!**
¡Qué hermoso jardín!. **What a beautiful garden!**
¡Qué vista increíble!. **What an incredible view!**
¡Qué cocina encantadora!. **What a lovely kitchen!**

Puedes expresar agrado de esta manera:

¡Qué bonito!. **How nice!**
¡Qué hermoso!. **How beautiful!**
¡Qué encantador!. **How lovely!**

Y también usar estos verbos:

Me gusta. I like.
Me gusta mucho. I like very much.
Me gusta mucho. I really like.
Me encanta. I love.

Me encanta tu casa. I love your house.
Me gusta mucho tu cocina. I like your kitchen very much.
Me gusta mucho tu baño. I really like your bathroom.
Me gusta tu jardín. I like your garden.

Ahora escribe estos comentarios en inglés:

¡Qué hermoso! 1. _____ !
¡Qué hermoso jardín! 2. _____ !
¡Qué encantador! 3. _____ !
¡Qué cocina encantadora! 4. _____ !
Me encanta tu casa. 5. _____ !
Me gusta tu jardín. 6. _____ !

Key UNIT 67: 1. How beautiful   2. What a beautiful garden   3. How lovely
4. What a lovely kitchen   5. I love your house   6. I like your garden

UNIDAD 68 · EL GATO SOBRE EL SILLÓN
UNIT 68 · THE CAT ON THE COUCH

Aprendamos el significado de estas preposiciones de lugar:

Sobre. **On.**   Debajo. **Under.**   Delante. **In front of.**
Detrás. **Behind.**   Al lado. **Next to.**   Entre. **Between.**

Acabas de mudarte y te están ayudando a colocar los muebles.

Pon la mesa al lado de esa ventana.
Put the table next to that window.

Sobre esta alfombra. **On this carpet.**

El sofá va enfrente del televisor.
The couch goes in front of the TV set.

Esta alfombra va debajo de la mesa de café.
This rug goes under the coffee table.

El perchero va detrás de aquella puerta.
The coat hanger goes behind that door.

Y este cuadro va entre el espejo y la ventana.
And this picture goes between the mirror and the window.

Escribe estas frases en inglés:

On the table. 1. _____

Debajo de la mesa de café. 2. _____

Detrás de la puerta. 3. _____

Entre el espejo y la ventana. 4. _____

Al lado de la ventana. 5. _____

Key UNIT 68: 1. Sobre la mesa 2. Under the coffee table 3. Behind the door
4. Between the mirror and the window 5. Next to the window

UNIDAD 69 · AQUÍ, ALLÁ Y EN TODAS PARTES
UNIT 69 · HERE, THERE AND EVERYWHERE

Tu madre está ayudándote a preparar la cena, y tú tienes
que indicarle dónde se encuentran los utensilios de cocina.

Ella te preguntará:

¿Dónde están los cuchillos? **Where are the knives?**

¿Dónde están los platos? **Where are the dishes?**

Para contestarle puedes usar alguna de estas palabras:

Aquí, acá. **Here.**   Allí, allá. **There.**

Los platos están aquí. The dishes are **here.**

Las cucharas están allí. The spoons are **there.**

Por aquí. **Over here.**   Por allá. **Over there.**

El abridor de latas está por aquí. The can opener is **over here.**

Las ollas están por allá. The pots are **over there.**

Contesta con la palabra que se te indica después de la pregunta, como en este ejemplo: Where are the dishes? Here. Tu respuesta: The dishes are here.

Where are the spoons? There. 1. _____

Where are the pots? Over there. 2. _____

Where are the knives? Over here. 3. _____

Where is the can opener? Here. 4. _____

Key UNIT 69: 1.The spoons are there 2. The pots are over there   3. The knives are over here 4. The can opener is here

---

UNIDAD 70 · ESTOY TRABAJANDO EN ESTE MOMENTO
UNIT 70 · I'M WORKING RIGHT NOW

Ya has aprendido que el presente continuo se usa para describir lo que alguien está haciendo en el momento en que está hablando.

Por ejemplo:

Tú estás estudiando inglés. You're **studying** English.

Hay algunas expresiones que nos ayudan a reforzar esta idea.

Ahora. **Now.**

En este momento. **Right now.**

Tú estás estudiando inglés en este momento.
You're studying English right now.

Ella está conduciendo ahora. **She's driving now.**

También puedes expresar acciones que no están sucediendo exactamente cuando estás hablando, pero sí en un presente más extendido.

En estos días. **These days.**

Esta semana. **This week.**

Este mes. **This month.**

Este año. **This year.**

Fíjate en estos ejemplos:

Ellá está estudiando mucho este mes.
She's studying hard this month.

Ellos están trabajando hasta tarde en estos días.
They're working late these days.

Él está viajando mucho este año.
He's traveling a lot this year.

Escribe estas oraciones en inglés:

Ellos están viajando mucho este año. 1. _____

Estoy estudiando en este momento. 2. _____

Estoy estudiando en este mismo momento. 3. _____

Estoy estudiando mucho en estos días. 4. _____

Ella está viajando mucho este mes. 5. _____

Key UNIT 70: 1. They're traveling a lot this year 2. I'm studying now 3. I'm studying right now 4. I'm studying hard these days 5. She's traveling a lot this month

UNIDAD 71 · CREO EN LOS FANTASMAS
UNIT 71 · I BELIEVE IN GHOSTS

Hay verbos que no describen una acción, sino mas bien, una situación que ya existe. Estos verbos se usan, por lo general, en el presente simple.

El verbo **like**, que quiere decir *gustar*, es un ejemplo. Si quieres decir *Me gusta el chocolate*, debes decir **I like chocolate**. Sería un error que usaras el verbo en presente continuo. Por este motivo, si dijeras **I´m liking chocolate** no sería correcto.

Fíjate en verbos de este tipo que son muy comunes.

Odiar. **Hate.**   Understand. **Entender.**   Encantar. **Love.**
Tener. **Have.**   Saber. **Know.**   Believe. **Creer.**
Recordar. **Remember.**

Detesto las hamburguesas. I **hate** hamburguers.
Me gusta la pizza. I **like** pizza.
Me encanta el chocolate. I **love** chocolate.
La conozco. I **know** her.
Recuerdo su nombre. I **remember** his name.
Entiendo. I **understand**.
Tengo una guitarra. I **have** a guitar.
Creo en los fantasmas. I **believe** in ghosts.

Decide si estas oraciones son correctas o incorrectas. Si son incorrectas, corrígelas.

I'm loving pizza. 1. _____

I remember her name. 2. _____

I know Italian. 3. _____

I'm hating hamburguers. 4. _____

I understand English. 5. _____

I'm liking chocolate. 6. _____

Key UNIT 71: 1. Incorrecta. I love pizza   2. Correcta   3. Correcta
4. Incorrecta. I hate hamburguers   5. Correcta   6. Incorrecta. I like chocolate

UNIDAD 72 · UNA CARA PARA RECORDAR
UNIT 72 · A FACE TO REMEMBER

Fíjate cómo se dicen las partes de la cara:

Cara. **Face.**

Pelo. **Hair.**	Labios. **Lips.**
Ojo. **Eye.**	Oreja. **Ear.**
Ojos. **Eyes.**	Nariz. **Nose.**
Mejilla. **Cheek.**	Diente. **Tooth.**
Boca. **Mouth.**	Dientes. **Teeth.**

En general, las partes de la cara pueden ser:

Grandes. **Big.**   Pequeñas. **Small.**

Ahora, veamos como puedes describir el pelo:

Por su color:

Negro. **Black.**   Castaño. **Brown.**
Rubio: **Blond** (hombre) **Blonde** (mujer).
Pelirrojo. **Red haired.**

Por su tipo:

Lacio. **Straight.**   Enrulado. **Curly.**   Ondulado. **Wavy.**

Por el largo:

Largo. **Long.**   Corto. **Short.**

Haz conocido a una bella muchacha y se
la describes a tu mejor amigo.

Su pelo es castaño. **Her hair is brown.**
Tiene el pelo largo y lacio. **She has long straight hair.**
Tiene ojos grandes y verdes. **She has big green eyes.**
Su nariz es pequeña. **Her nose is small.**

Ahora es tu turno. Describe en inglés a alguien con estas características:

Él tiene el pelo negro y ondulado. 1. _____

Él tiene el pelo corto. 2. _____

Él tiene ojos marrones. 3. _____

Él tiene una nariz grande. 4. _____

Key UNIT 72: 1. He has black wavy hair 2. He has short hair
3. He has brown eyes 4. He has a big nose

UNIDAD 73 · PON TU CABEZA SOBRE MI HOMBRO
UNIT 73 · PUT YOUR HEAD ON MY SHOULDER

Veamos ahora cómo decir las partes del cuerpo.

Cabeza. **Head.**

Cuello. **Neck.**

Hombros. **Shoulder.**

Espalda. **Back.**

Brazo. **Arm.**

Codo. **Elbow.**

Muñeca. **Wrist.**

Mano. **Hand.**

Dedo. **Finger.**

Cintura. **Waist.**

Pierna. **Leg.**

Rodilla. **Knee.**

Tobillo. **Ankle.**

Pie. **Foot.**

Pies. **Feet.**

Dedos del pie. **Toes.**

Lee lo que puedes hacer con algunas partes del cuerpo:

Dices que sí con la cabeza. You nod with your **head.**

Ves con tus ojos. You see with your **eyes.**

Hueles con la nariz. You smell with your **nose.**

Comes con tu boca. You eat with your **mouth.**

Oyes con tus oídos. You hear with your **ears.**

Das la mano. You shake **hands.**

Encoges tus hombros. You shrug your **shoulders.**

Corres con tus piernas. You run with your **legs.**

Escribe estas partes del cuerpo:

Cabeza. 1. _____

Cuello. 2. _____

Hombros. 3. _____

Espalda. 4. _____

Brazo. 5. _____

Mano. 6. _____

Dedo. 7. _____

Pierna. 8. _____

Rodilla. 9. _____

Pies. 10. _____

Dedos del pie. 11. _____

Key UNIT 73: 1. Head 2. Neck 3. Shoulder 4. Back 5. Arm 6. Hand 7. Finger
8. Leg 9. Knee 10. Feet 11. Toes

UNIDAD 74 · ESA ERA MI CANCIÓN FAVORITA
UNIT 74 · THAT WAS MY FAVORITE SONG

Ahora aprenderás cómo decir el verbo **to be** en pasado
simple con el significado *ser*.

Yo fui o era. I **was**.
Tú fuíste o eras. You **were**.
Usted fue o era. You **were**.
Él fue o era. He **was**.
Ella fue o era. She **was**.
(La película) fue o era. It **was**.
Nosotros fuimos o éramos. We **were**.
Ustedes fueron o eran. You **were**.
Ellos fueron o eran. They **were**.

Lee estos ejemplos del verbo **to be** en pasado
con el significado *fue*:

El viaje fue corto. The trip **was** short.
La película fue interesante. The movie **was** interesting.
Ellos fueron muy amables. They **were** very kind.

(**95**)

Lee estos ejemplos del verbo **to be** en pasado
con el significado *era:*

Ella era su maestra. She **was** his teacher.

Era tarde. It **was** late.

Ellos eran amigos. They **were** friends.

Completa las siguientes oraciones con la forma correcta del verbo **to be** en pasado.

The trip is short. The trip 1._____ short.

It's late. It 2. _____ late.

They are friends. They 3. _____ friends.

Fuiste muy amable. You 4. _____ very kind.

Key UNIT 74: 1. was 2. was 3. were 4. were

UNIDAD 75 · LA PUERTA ESTABA CERRADA
UNIT 75 · THE DOOR WAS CLOSED

Ahora aprenderás como decir el verbo **to be** en pasado
simple con el significado *estar.*

Yo estuve o estaba. I **was.**

Tú estuviste o estabas. You **were.**

Usted estuvo o estaba. You **were.**

Él estuvo o estaba. He **was.**

Ella estuvo o estaba. She **was.**

(El tiempo) estuvo o estaba. It **was.**

Nosotros o nosotras estuvimos o estábamos. We **were.**

Ustedes estuvieron o estaban. You **were.**

Ellos o ellas estuvieron o estaban. They **were.**

En español el verbo **to be** en pasado puede traducirse como *estuvo* o *estaba:*

Estuvimos en casa toda la tarde.
We **were** at home all the afternoon.

Ellos estaban contentos. They **were** happy.

La puerta estaba cerrada. The door **was** closed.

Ayer estuve enfermo. I **was** sick yesterday.

Nosotros estábamos en casa a las 7. We **were** at home at 7.

Completa con el pasado del verbo **to be**:

The door is closed. The door 1. _____ closed.

We're at home. We 2. _____ at home.

I'm sick. I 3. _____ sick.

They are happy. They 4. _____ happy.

We are at home now. We 5. _____ at home at 7.

Key UNIT 75: 1. was 2. were 3.was 4. were 5. were

UNIDAD 76 · EL VIAJE NO FUE LARGO
UNIT 76 · THE TRIP WASN'T LONG

Para decir oraciones negativas con el pasado del verbo **to be**, agregas **not** después del verbo y lo contraes.

I was not. I wasn't.
You were not. You weren't.
She was not. She wasn't.
We were not. We weren't.
They were not. They weren't.

Fíjate en estos ejemplos:

La película no fue interesante. The movie **wasn't** interesting.
Él no estaba en su casa. He **wasn't** at home.
El viaje no fue largo. The trip **wasn't** long.
La comida no era buena. The food **wasn't** good.
La puerta no estaba cerrada. The door **wasn't** closed.
No estábamos contentos. We **weren't** happy.

Transforma estas oraciones afirmativas en negativas:

The trip was long. 1. _____

The door was closed. 2. _____

We were happy. 3. _____

She was at home. 4. _____

The food was good. 5. _____

The movie was interesting. 6. _____

Key UNIT 76: 1.The trip wasn't long   2. The door wasn't closed   3. We weren't happy
4. She wasn't at home   5. The food wasn't good   6. The movie wasn't interesting

UNIDAD 77 · ¿ESTABAS EN TU CASA?
UNIT 77 · WERE YOU AT HOME?

Para hacer una pregunta con el verbo **to be** en pasado
debes colocar **was** o **were** al principio de la oración:

Si en afirmativo dices **She was late**, para hacer la
pregunta dirás **Was she late?**

Si en afirmativo dices **They were at home**, para hacer
la pregunta dirás **Were they at home?**

Lee estas preguntas:

¿Fue interesante la película? **Was** the movie interesting?
¿Estaban ellos en su casa? **Were** they at home?
¿Fue largo el viaje? **Was** the trip long?
¿Estaban cerradas las puertas? **Were** the doors closed?
¿Era buena la comida? **Was** the food good?
¿Estabas contento? **Were** you happy?

Transforma estas oraciones en preguntas:

The trip wasn't long. 1. _____ ?

The door was closed. 2. _____ ?

You weren't happy. 3. _____ ?

She was at home. 4. _____ ?

The food wasn't good. 5. _____ ?

The movie was interesting. 6. _____ ?

Key UNIT 77: 1. Was the trip long 2. Was the door closed 3. Were you happy
4. Was she at home 5. Was the food good 6. Was the movie interesting

UNIDAD 78 · ¿ERA BUENA LA COMIDA?
UNIT 78 · WAS THE FOOD GOOD?

Aprendamos a contestar con respuestas cortas
preguntas simples cuya respuesta puede ser *Sí* o *No*,
usando el verbo **to be** en pasado.

Was the movie interesting? Sí, lo fue. Yes, it **was**.
Were they at home? No, no estaban. No, they **weren't**.
Was the trip long? Sí, lo fue. Yes, it **was**.

Were the doors closed?
No, no lo estaban. No, they weren't.
Was the food good? Sí, lo era. Yes, it was.

Si la pregunta comienza con **was**, debes usar **was** en tu respuesta. Si la pregunta comienza con **were**, debes usar **were** en tu respuesta, excepto cuando es una pregunta con el pronombre **you** en singular:

Estabas tú cansado? **Were you** tired?
Yes, **I was**. Sí, lo estaba.
No, **I wasn't**. No, no lo estaba.

Completa estas respuestas cortas con el verbo **to be** en pasado.

Was the trip long? Yes, 1. _____

Was the door closed? No, 2. _____

Were you happy? Yes, 3. _____

Was she at home? No, 4. _____

Was the food good? Yes, 5. _____

Was the movie interesting? No, 6. _____

Key UNIT 78: 1. it was. 2. it wasn't 3. I was 4. she wasn't 5. it was 6. it wasn't.

UNIDAD 79 · MI CASA TENÍA UN JARDÍN
UNIT 79 · MY HOUSE HAD A GARDEN

El pasado del verbo **have** que, como ya has aprendido, quiere decir *tener*, se forma de una manera muy simple: debes usar **had** para todas las personas. Fíjate en estos ejemplos.

Yo tenía una tienda. I **had** a store.
Tú tenías una tienda. You **had** a store.
Usted tenía una tienda. You **had** a store.

El tenía una casa. He **had** a house.

Ella tenía una casa. She **had** a house.

La casa tenía un jardín. It **had** a garden.

Nosotros tuvimos una oportunidad. We **had** an opportunity.

Ustedes tuvieron una oportunidad. You **had** an opportunity.

Ellos tuvieron una oportunidad. They **had** an opportunity.

Escribe estas oraciones en pasado:

I have a store. 1. _____

You have a house. 2. _____

He has a friend. 3. _____

They have an opportunity. 4. _____

It has a garden. 5. _____

We have a friend. 6. _____

She has a problem. 7. _____

Key UNIT 79: 1. I had a store. 2. You had a house 3. He had a friend 4.They had an opportunity 5. It had a garden   6. We had a friend 7. She had a problem

UNIDAD 80 · ¿TENÍAS TIEMPO?
UNIT 80 · DID YOU HAVE TIME?

Para decir oraciones negativas con el verbo **to have** en el pasado, se debe usar el auxiliar **did** seguido de **not**, en su forma contraída.

Yo tenía. I **had**   Yo no tenía. I **didn't have**.

Cuando formas el negativo, siempre tienes que usar el auxiliar **didn't** y el infinitivo del verbo, es decir, **have**. Fíjate en estos ejemplos:

Yo no tenía una tienda. I **didn't have** a store.

Ella no tenía dinero. She **didn't have** money.
Ellos no tenían problemas. They **didn't have** problems.
Nosotros no teníamos un auto. We **didn't have** a car.

Para hacer preguntas debes usar el auxiliar **did** al principio de la oración:

¿Tenías una tienda? **Did you have** a store?
¿Tenías tiempo? **Did you have** time?
¿Tenían muchos amigos? **Did they have** many friends?

Ahora transforma estas oraciones afirmativas en negativas:

We had an opportunity. 1. _____

I had many friends. 2. _____

They had problems. 3. _____

Y estas oraciones negativas en preguntas:

We didn't have a car. 4. _____

I didn't have money. 5. _____

She didn't have many friends. 6. _____

Key UNIT 80: 1. We didn't have an opportunity 2. I didn't have many friends 3. They didn't have problems 4. Did we have a car 5. Did you have money 6. Did she have many friends

UNIDAD 81 · LO DISFRUTÉ MUCHO
UNIT 81 · I REALLY ENJOYED IT

Estudiemos ahora cómo decir el pasado de los verbos. Muchos verbos forman el pasado simple agregando la terminación **-d** y **-ed**: se llaman verbos regulares. Fíjate cómo decir el pasado de estos verbos regulares:

Planear: **plan**. En pasado: plann**ed**.
Nosotros planeamos el viaje: We plann**ed** the trip.

Reservar: **reserve**. En pasado: reserv**ed**.
Reservamos la habitación del hotel. We reserved the hotel room.

Viajar: **travel**. En pasado: travel**ed**.
Viajamos en avión. We traveled by plane.

Llegar: **arrive**. En pasado: arriv**ed**.
Llegamos a la mañana. We arrived in the morning.

Hospedarse: **stay**. En pasado: stay**ed**.
Nos hospedamos en un hotel. We stayed at a hotel.

Alquilar. **rent**. En pasado: rent**ed**.
Alquilamos un auto. We rented a car.

Disfrutar. **enjoy**. En pasado: enjoy**ed**.
Lo disfrutamos mucho. We enjoyed it a lot.

Recuerda el pasado de estos verbos:

Plan. 1. _____

Reserve. 2. _____   Stay. 5. _____

Travel. 3. _____   Rent. 6. _____

Arrive. 4. _____   Enjoy. 7. _____

Key UNIT 81: 1. Planned 2. Reserved 3. Traveled 4. Arrived 5. Stayed 6. Rented 7. Enjoyed

UNIDAD 82 · NOS DETUVIMOS Y ESPERAMOS
UNIT 81 · WE STOPPED AND WAITED

Los verbos regulares, como dijimos en la unidad anterior, se forman agregando la terminación **-d** o **-ed** al verbo. Ahora bien, no todos los verbos regulares en pasado se pronuncian de la misma manera. Lee estas reglas que te ayudarán a pronunciarlos de la manera correcta:

Cuando el último sonido (no debes confundir con la letra) de una palabra es **vocal, b, g, l, m, n, r, v, w** y o **z** debes pronunciarlo agregando el sonido **d**.

Arrive. Arrived.

Rob. Robbed.	Plan. Planned.
Belong. Belonged.	Reserve. Reserved.
Travel. Traveled.	Show. Showed.
Perform. Performed.	Stay. Stayed.
Cover. Covered.	Squeeze. Squeezed.

Cuando el ultimo sonido de un verbo es **f, k, p, s, ch, sh** o **x** se pronuncia con el sonido final **t**:

Laugh. Laughed.

Talk. Talked.	Watch. Watched.
Stop. Stopped.	Wash. Washed.
Miss. Missed.	Mixed. Mixed.

Cuando el verbo termina en **t** o **d** se pronuncia [ed]:

Want. Wanted.	Decide. Decided.
Wait. Waited.	Need. Needed.

Escribe si pronuncias «t», «d» o «ed» en el pasado de estos verbos.

Travel. Traveled. 1. _____

Plan. Planned. 2. _____

Reserve. Reserved. 3. _____

Show. Showed. 4. _____

Talk. Talked. 5. _____

Stop. Stopped. 6. _____

Watch. Watched. 7. _____

Wash. Washed. 8. _____

Want. Wanted. 9. _____

Wait. Waited. 10. _____

Decide. Decided. 11. _____

Need. Needed. 12. _____

Key UNIT 82: 1. «d». 2. «d». 3. «d». 4. «d». 5. «t». 6. «t». 7. «t». 8. «t». 9. «ed». 10. «ed». 11. «ed». 12. «ed».

UNIDAD 83 · LE ENVIÉ UN E-MAIL
UNIT 83 · I SENT HER AN E-MAIL

Otros verbos forman el pasado simple cambiando alguna letra o formando una palabra completamente distinta: se llaman verbos irregulares. No existe una regla para saber cuando un verbo es irregular ni tampoco como formar su pasado. De todos modos, hemos agrupado aquellos que forman el pasado de manera similar, para que puedas recordarlos con más facilidad.

Verbos que no cambian:

Dejar. **Let.** En pasado: **let.**
Ella los dejó pasar. She **let** them in.

Lastimarse. **Hurt.** En pasado: **hurt.**
Me lastimé la mano. I **hurt** my hand.

Verbos que cambian una letra:

Venir. **Come.** En pasado: **came.**
Ella vino a la fiesta. She **came** to the party.

Hacer. **Make.** En pasado: **made.**
Ella hizo una torta. She **made** a cake.

Saber. **Know.** En pasado: **knew.**
Ella sabía la respuesta. She **knew** the answer.

Verbos que agregan una «t» al final:

Enviar. **Send.** En pasado: **sent.**
Envié un *e-mail*. I **sent** an email.

Construir. **Build.** En pasado: **built.**
Ellos construyeron un hotel. They **built** a hotel.

Trata de recordar el pasado de estos verbos:

Send. 1. _____   Hurt. 5. _____

Come. 2. _____   Make. 6. _____

Let. 3. _____   Enjoy. 7. _____

Build. 4. _____   Know. 8. _____

Key UNIT 83: 1. Sent 2. Came 3. Let 4. Built 5. Hurt 6. Made 7. Enjoyed 8. Knew

UNIDAD 84 · ¡ENCONTRÉ MIS LLAVES!
UNIT 84 · I FOUND MY KEYS!

Fíjate en estos verbos irregulares:

Verbos que cambian varias letras:

Pensar. **Think.** En pasado: **thought.**
Pensé que era maestra. I **thought** she was a teacher.

Comprar. **Buy.** En pasado: **bought.**
Ella se compró un abrigo. She **bought** a coat.

Romper. **Break.** En pasado: **broke.**
Él rompió un vaso. He **broke** a glass.

Encontrar. **Find.** En pasado: **found.**
Encontré las llaves. I **found** the keys.

Partir. **Leave.** En pasado: **left.**
Me fui temprano. I **left** early.

Tomar. **Take.** En pasado: **took.**
Ella tomó el tren. She **took** the train.

Verbos que cambian completamente.

Ser o estar. **Be.** En pasado: **was, were.**
Ella estaba contenta. She **was** happy.
Ellos estaban contentos. They **were** happy.

Ir. **Go.** En pasado: **went.**
Ellos fueron al cine. They **went** to the movies.

Este verbo se escribe igual pero cambia su pronunciación.

Leer. **Read** [ri:d]. En pasado: **read** [red].
Leí su libro. I **read** her book.

Trata de recordar el pasado de estos verbos:

Be. 1. _____

Read. 2. _____ Think. 6. _____

Buy. 3. _____ Go. 7. _____

Find. 4. _____ Leave. 8. _____

Break. 5. _____ Take. 9. _____

Key UNIT 84: 1. Was, were 2. Read 3. Bought 4. Found 5. Broke 6. Thought
7. Went 8. Left 9. Took

UNIDAD 85 · ¿LA INVITASTE?
UNIT 85 · DID YOU INVITE HER?

Fíjate cómo se forman las oraciones negativas en el pasado:

Yo fui. **I went.**   Yo no fui. **I didn't go.**

Debes usar **didn't** y el infinitivo del verbo, es decir, la forma sin conjugar. En el ejemplo que acabas de escuchar, **went** es el pasado y **go** es el infinitivo del verbo *ir.*

Lee estos ejemplos:

Yo compré. **I bought.**   Yo no compré. **I didn't buy.**

Yo no compré aquellos zapatos. I **didn't buy** those shoes.

Él se fue. **He left.**   Él no se fue. **He didn't leave.**

Ellos miraron. **They watched.**   Ellos no miraron. **They didn't watch.**

Ellos no miraron televisión. **They didn't watch** TV.

Yo no la invité. **I didn't invite her.**

Para hacer preguntas en pasado, colocas el auxiliar
did al principio de la oración:

¿Compraste aquellos zapatos?. **Did** you buy those shoes?
¿Se fue él?. **Did** he leave?
¿Miraron ellos televisión?. **Did** they watch TV?
¿La invitaste?. **Did** you invite her?

Transforma estas oraciones afirmativas en negativas.

We stayed at a hotel. 1. _____

I took the train. 2. _____

Ahora transfórmalas en preguntas:

They stayed at a hotel. 3. _____?

You took the train. 4. _____?

Key UNIT 85: 1. We didn't stay at a hotel   2. I didn't take the train
3. Did they stay at a hotel   4. Did you take the train

UNIDAD 86 · AYER / UNIT 86 · YESTERDAY

El pasado simple es el tiempo verbal que se usa para describir
acciones y situaciones que empezaron y terminaron en el pasado.

El verano pasado fuimos a la playa.
Last summer **we went** to the beach.

Generalmente se usa con estas palabras que refuerzan
la idea de acción terminada:

Ayer. **Yesterday.** Último o pasado: **Last.**

Esta palabra puedes combinarla de esta manera:

Anoche. **Last** night.   El mes pasado. **Last** month.
El martes pasado. **Last** Tuesday.   El año pasado. **Last** year.
La semana pasada. **Last** week.   El verano pasado. **Last** summer.

Hace (un tiempo específico). Atrás. **Ago.**

Tres días atrás.   Hace un mes.
Three days **ago.**   A month **ago.**

Lee estas oraciones:

Ayer fuimos al cine. We went to the movies yesterday.

Él viajó a Los Angeles la semana pasada.
He traveled to Los Angeles **last** week.

Ellos llegaron hace una semana. They arrived a week **ago.**

Ahora escribe estas oraciones en inglés:

Ella llegó hace una semana. 1. _____

Nosotros viajamos anoche. 2. _____

Ayer fuimos al cine. 3. _____

Key UNIT 86: 1. She arrived a week ago 2. We traveled last night
3. We went to the movies yesterday

UNIDAD 87 · ESTABA TRABAJANDO CUANDO...
UNIT 87 · I WAS WORKING WHEN...

Para describir una acción que estaba ocurriendo en
un determinado momento del pasado, por ejemplo, *a las
4 de la tarde*, usamos el pasado continuo:

Yo estaba durmiendo a las 6. I was **sleeping** at 6 o'clock.

Estaba lloviendo ayer. It was **raining** yesterday.

Este tiempo verbal se forma con el verbo **was** o **were**,
y otro verbo terminado en -ing.

I **was** sleep**ing**.　　It **was** rain**ing**.

También se puede usar con **when** y el pasado simple para
describir lo que estaba pasando cuando ocurrió algún otro
hecho, por ejemplo cuando *tú llamaste*.

Yo estaba durmiendo cuando tú llamaste.
I was sleeping **when** you called.

Llovía cuando se fue. It was raining **when** she left.

Estaba lloviendo cuando me fui. It was raining **when** I left.

Escribe estas oraciones en inglés:

Yo estaba mirando televisión esa noche. 1. _____

Yo estaba mirando televisión cuando llamaste. 2. _____

Estaba lloviendo. 3. _____

Estaba lloviendo cuando ella se fue. 4. _____

Key UNIT 87: 1. I was watching TV that night　2. I was watching TV when you called
3. It was raining　4. It was raining when she left.

UNIDAD 88 · ¿DISCULPE? ¿QUÉ DIJO?
UNIT 88 · EXCUSE ME, WHAT DID YOU SAY?

Fíjate en qué situaciones se usa la frase **Excuse me:**

-Para pedirle a alguien que repita lo que dijo.

¿Disculpe?. **Excuse me**?

Disculpe, no entendí su nombre. Excuse me, I didn't catch your name.

Disculpe, ¿qué dijo?
Excuse me, **what did you say**?　Excuse me, **what was that**?

-Para peguntarle algo a alguien.

Disculpe, ¿dónde está la gasolinera?
Excuse me, where's the gas station?

Disculpe, ¿aquel es su auto? **Excuse me**, is that your car?

-Debes usar la expresión **I'm sorry** cuando pides disculpas:

Disculpa, llegué tarde. **I'm sorry**, I'm late.

Disculpe, no tengo cambio. **I'm sorry**, I don't have change.

-Cuando pides algo, debes usar **please:**

Por aquí, por favor. This way, **please.**

¿Puedes abrir la puerta, por favor? Can you open the door, **please?**

Recuerda lo que has aprendido:

¿Qué dices cuando pides lago? 1. _____

¿Qué dices cuando no escuchaste lo que alguien dijo? 2. _____?

¿Qué dices cuando te disculpas? 3._____

¿Qué dices cuándo quieres preguntarle algo a alguien? 4. _____

Key UNIT 88: 1. Please 2. Excuse me 3. I'm sorry 4. Excuse me

---

UNIDAD 89 · PERDÓN, NO ENTIENDO
UNIT 89 · I'M SORRY, I DON'T UNDERSTAND

Cuando estás hablando con alguien y no entiendes
alguna palabra, puedes decir:

Disculpa, no entiendo. I'm sorry, I don't understand.

Fíjate en estas palabras:
Significar: **Mean.** Significado: **Meaning.**

¿Qué significa *terrific*?. What does *terrific* **mean?**

¿Cuál es el significado de *terrific*? What's the **meaning** of *terrific*?
Significa *fantástico*. It means *great*.

Puedes pedirle a alguien que hable más lentamente:

Más lentamente. More **slowly**.
¿Puede hablar más lentamente? Can you speak more **slowly**?

O más fuerte: Más fuerte. **Louder**.
¿Puede hablar más fuerte? Could you speak **louder**?

También puedes pedirle que repita lo que dijo:
¿Puedes repetir, por favor? Could you **repeat** that, please?

Contesta estas preguntas completando los espacios en blanco
con la palabra adecuada.

¿Cómo te disculpas cuando no entiendes algo?
I'm 1. _____ , I don't 2. _____

Quieres saber el significado de *terrific*. ¿Cómo lo preguntas?
What's the 3. _____ of *terrific*?
O también: What does *terrific* 4. _____?

¿Cómo le pides a alguien que hable más fuerte?
Could you speak 5. _____ , please?

¿Cómo le pides a alguien que hable más despacio?
Could you speak 6. _____ please?

¿Cómo le pides a alguien que repita lo que dijo?
Could you 7. _____ , please?

Key UNIT 89: 1. sorry 2. understand 3. meaning 4. mean 5. louder
6. more slowly 7. repeat

UNIDAD 90 · SI HABLAS DESPACIO...
UNIT 90 · IF YOU SPEAK SLOWLY...

Cuando quieres expresar condiciones, puedes usar la palabra **If** que quiere decir *Si:*

Si hablas despacio, puedo entender mejor.
If you speak slowly, I can understand better.

Si sucede algo, llama al 911.
If something happens, call 911.

Los verbos en ambas oraciones están en presente y si se cumple la condición, también se cumple la otra acción.

Puede suceder que, si se cumple la condición, se cumpla la acción que resulta de ella. El verbo en la oración con **If** está en presente, y el otro verbo está en futuro.

Si gano la lotería, me voy a comprar una isla.
If I win the lottery, I´m going to buy an island.

Si me compro una isla, invitaré a todos mis amigos.
If I buy an island, I'll invite all my friends.

Si mis amigos no vienen, venderé la isla.
If my friends don't come, I'll sell the island.

Forma condiciones con las dos situaciones:

Something happens-call 911 1. _____

Win the lottery-buy an island. 2. _____

Friends don't come-sell the island. 3. _____

Key UNIT 90: 1. If something happens, call 911. 2. If I win the lottery, I'll buy an island 3. If my friends don't come, I'll sell the island

UNIDAD 91 · UN HERMOSO DÍA
UNIT 91 · A FINE DAY

Los adjetivos modifican sustantivos, es decir, le agregan una característica. Si tú dices:

Una película aburrida. A **boring** movie.
Una mujer alta. A **tall** woman.
Un auto caro. An **expensive** car.

Los adjetivos en inglés no tienen plural:

A **boring** movie. Some **boring** movies.
A **tall** woman. Some **tall** women
An **expensive** car. Two **expensive** cars

Se usan delante de los sustantivos:

A **blue** T-shirt. A **hard** worker. A **beautiful** city.

O después del verbo **to be**:

She's **beautiful**. He's **tall**. It isn't **expensive**.

Lee estas oraciones. Fíjate cómo en las primeras, el adjetivo está delante del sustantivo y en las segundas, después del verbo **to be**.

He has a **big** house. His house is **big**.
This is an **expensive** car. This car is **expensive**.
I have a **green** jacket. My jacket is **green**.

Ahora escribe estas oraciones en inglés:

Mi apartamento es grande. 1. _____

Me gustan esos zapatos negros. 2. _____

Miami es una ciudad linda. 3. _____

Ella no es muy alta. 4. _____

Key UNIT 91: 1. My apartment is big 2. I like those black shoes 3. Miami is a beautiful city 4. She's not very tall

UNIDAD 92 · ES BUENMOZO, VERDAD?
UNIT 92 · HE'S GOODLOOKING, ISN'T HE?

En español, cuando dices algo y quieres que otra persona lo confirme, usas frases como ¿es así,? ¿verdad?, ¿no?.

Es buen mozo, ¿verdad?   Es alto, ¿verdad?

En inglés se debe usar el verbo **to be** o el auxiliar que corresponda al final de la oración.
Si el verbo **to be** está en afirmativo, la frase final va en negativo.

Es buenmozo, ¿verdad? He's good looking, **isn't he**?
Era pelirroja, ¿verdad? She was red-haired, **wasn't she**?

Si el verbo **to be** está en negativo, la frase final va en afirmativo:

No eran altos, ¿verdad? They weren't tall, **were they**?
No es flaca, ¿verdad? She's not thin, **is she**?

Con los demás verbos, se usa el auxiliar que corresponda. Si el verbo está en afirmativo, el auxiliar debe estar en negativo, y viceversa:

Él tiene ojos azules, ¿verdad? He has blue eyes, **doesn't he**?
Ella no fue a la fiesta, ¿verdad? She didn't go to the party, **did she**?
Ellos fueron a la fiesta, ¿verdad? They went to the party, **didn't they**?

Usa la frase de confirmación que corresponda:

He's tall, 1. _____

She's not thin, 2. _____

You were at the party, 3. _____

They didn't go, 4. _____

He had a black suit, 5. _____

Key UNIT 92: 1. isn't he 2. is she 3. were you 4. did they 5. did he

UNIDAD 93 · AMOR A PRIMERA VISTA
UNIT 93 · LOVE AT FIRST SIGHT

Los adjetivos pueden usarse también después de un verbo. Fíjate en estos ejemplos:

Una amiga fue a cenar por primera vez con un muchacho que la invitó, y tú quieres saber todo sobre él. Para saber cómo es la personalidad de una persona, puedes hacer esta pregunta:

¿Cómo es? **What's he like?**

Y ella, que se enamoró a primera vista y solo ve todo lo positivo, te contestará:

Él es cortés. He's **polite.**   Amable. **Kind.**
Respetuoso. **Respectful.**   Encantador. **Charming.**

Para enfatizar un adjetivo, puedes agregar **so,** que significa *tan*:

Él es tan seguro de sí mismo. He's **so** self-confident.
Tan inteligente. **So** intelligent.   Tan divertido. **So** funny.
Tan optimista. **So** optimistic.

Y también **very,** que significa *muy*:

Él es muy realista. He's **very** realistic.
Muy maduro. **Very** mature.   Muy honesto. **Very** honest.
Muy sensible. **Very** sensitive.

Recuerda cómo decir los siguientes adjetivos en inglés:

Amable. 1. _____

Seguro de sí mismo. 2. _____

Divertido. 3. _____

Honesto. 4. _____

Encantador. 5. _____

Agrega **so** en estas oraciones:

He's intelligent. 6. _____

He's sensitive. 7. _____

Agrega **very** en las siguientes oraciones:

He's optimistic . 8. _____

He's polite. 9. _____

Key UNIT 93: 1. Kind 2. Self-confident   3. Funny 4. Honest   5. Charming
6. He's so intelligent   7. He's so sensitive   8. He's very optimistic   9. He's very polite

---

UNIDAD 94 · TÚ ERES TAN VANIDOSO
UNIT 94 · YOU'RE SO VAIN

A ti también te han invitado a cenar, pero no has tenido la misma suerte. Cuando tu amiga te pregunta **What's he like?** tú, que no quieres volver a verlo y ves todo lo negativo, le contestas:

Él es descortés. He's **rude**.
Arrogante. **Arrogant**.
Vanidoso. **Vain**.

Puedes también agregar **so**:

Él es tan malhumorado. He's **so** bad-tempered.
Tan aburrido. So **dull**.
Tan pesimista. So **pessimistic**.

Y también **very**:

Él es muy egocéntrico. He's **very** self-centered.
Muy egoísta. **Very** selfish.
Muy inmaduro. **Very** immature.
Muy deshonesto. **Very** dishonest.
Muy impaciente. **Very** impatient.

Escribe los siguientes adjetivos en inglés:

Descortés. 1. _____

Vanidoso. 2. _____   Egocéntrico. 4. _____

Aburrido. 3. _____   Inmaduro. 5. _____

Agrega **so** en estas oraciones:

He's impatient. 6. _____   He's selfish. 7. _____

Agrega **very** en las siguientes oraciones:

He's pessimistic. 8. _____

He's bad-tempered. 9. _____

Key UNIT 94: 1. Rude 2. Vain 3. Dull 4. Self-centered 5. Immature 6. He's so impatient 7. He's so selfish 8.He's very pessimistic 9. He's very bad-tempered

UNIDAD 95 · MEJOR TARDE QUE NUNCA
UNIT 95 · BETTER LATE THAN NEVER

Cuando quieres hacer comparaciones, puedes usar las palabras **as...as**, que quieren decir *tan...como*. Fíjate en estos ejemplos:

Tan alto como. **As** tall **as**.
Tina es tan alta como John. Tina is **as** tall **as** John.

Tan fuerte como. **As** strong **as**.
Mi hermano es tan fuerte como mi padre.
My brother is **as** strong **as** my father.

Cuando las comparaciones son desiguales, puedes hacerlas de dos maneras:

Si el adjetivo es corto o termina en -y, le agregas -ier.

Fácil. **Easy**. Más fácil. Eas**ier**.
Feliz. **Happy**. Más feliz. Happ**ier**.

La forma comparativa de estos adjetivos se forma cambiando la palabra:

Bien. **Good.** / Mejor. **Better.** / Mal. **Bad.** / Peor. **Worse.**
Lejos. **Far.** / Más lejos. **Farther.** O también: **further.**

Si el adjetivo es más largo, se usa **more,** que quiere decir *más* o **less,** que quiere decir *menos:*

Importante. **Important.** Más importante. **More** important.
Difícil. **Difficult.** Más difícil. **More** difficult.

Escribe estas oraciones en inglés:

El español es tan difícil como el inglés.
Spanish is **as** difficult **as** English.

¿Es Miami tan grande como Los Angeles?
Is Miami **as big as** Los Angeles?

Recuerda cómo se dicen los comparativos de estos adjetivos:

Good. 1. _____

Difficult. 2. _____   Bad. 4. _____

Easy. 3. _____   Important. 5. _____

Key UNIT 95: 1. Better.   2. More difficult. Less difficult.   3. Easier.   4. Worse
5. More important. Less important.

UNIDAD 96 · MÁS BRILLANTE QUE EL SOL
UNIT 96 · BRIGHTER THAN THE SUN

Escuchemos cómo se dicen algunos insectos,
para poder luego compararlos:

Abeja. **Bee.**   Hormiga. **Ant.**
Araña. **Spider.**   Insecto. **Insect.**
Mariposa. **Butterfly.**

Para completar las comparaciones,
debes usar **than**, que singifica *que*:

Las arañas son más grandes que las hormigas.
Spiders are bigger **than** ants.

Las mariposas son más lindas que las abejas.
Butterflies are more beautiful **than** bees.

Las hormigas son menos peligrosas que las arañas.
Ants are less dangerous **than** spiders.

Cuando usas **most** o **least** no usas **than**.

Las mariposas son el insecto menos peligroso.
Butterflies are the **least** dangerous insects.

Las arañas son los insectos más peligrosos.
Spiders are the **most** dangerous insects.

Completa los espacios en blanco con el comparativo adecuado.

Las mariposas son más lindas que las hormigas.
Butterflies are 1. —————————— ants.

Las abejas son más pequeñas que las mariposas.
Bees are 2. —————————— butterflies.

Las hormigas son los insectos más pequeños.
Ants are 3. ——————————————

Las arañas son las más peligrosas.
Spiders are 4. ——————————————

Key UNIT 96: 1. more beautiful than 2. smaller than 3. the smallest
4. the most dangerous

UNIDAD 97 · LA CHICA MÁS LINDA DEL MUNDO
UNIT 97 · THE MOST BEAUTIFUL GIRL IN THE WORLD

También puedes hacer comparaciones diciendo que algo o alguien es lo mejor, lo más hermoso, lo más interesante.

En este caso, si el adjetivo es corto, debes agregar **the** y la terminación -est al adjetivo.

El más grande. The bigg**est**.
El más rápido. The fast**est**.
La casa más grande. The bigg**est** house.
El auto más rápido. The fast**est** car.

Si el adjetivo es más largo, debes agregarle **the most** o **the least**:

La chica más hermosa. The **most** beautiful girl.
El libro menos interesante. The **least** interesting book.

Lee estas oraciones:

Ella es la más joven de la clase.
She's the young**est** in the class.

El chino es el idioma más difícil.
Chinese is the **most** difficult language.

La forma superlativa de estos adjetivos se forma cambiando la forma comparativa y agregando **the**:

Comparativo	Superlativo
Mejor. Better.	El mejor. **The** best.
Peor. Worse.	El peor. **The** worst.

Escribe estas frases en inglés:

El auto más rápido. 1. _____

La más joven. 2. _____

El idioma más difícil. 3. _____

La peor película. 4. _____

El menos interesante. 5. _____

Key UNIT 97: 1. The fastest car. 2.The youngest. 3. The most difficult language. 4. The worst movie. 5. The least interesting.

UNIDAD 98 · MI FIESTA DE QUINCE
UNIT 98 · MY FIFTEENTH BIRTHDAY

Cuando queremos establecer un orden debemos usar los números ordinales.

Primero. **First.**   Segundo. **Second.**   Tercero. **Third.**

Los restantes números ordinales se forman agregando «th» al final del número cardinal.

Cuarto. Fourth.	Undécimo. Eleventh.
Quinto. Fifth.	Duodécimo. Twelfth.
Sexto. Sixth.	Decimotercero. Thirteenth.
Séptimo. Seventh.	Decimocuarto. Fourteenth.
Octavo. Eighth.	Decimoquinto. Fifteenth.
Noveno. Ninth.	Decimosexto. Sixteenth.
Décimo. Tenth.	Decimoséptimo. Seventeenth.
	Decimoctavo. Eighteenth.
	Decimonoveno. Nineteenth.
	Vigésimo. Twentieth.

Cuando el número es compuesto, el ordinal se dice al final:

Vigésimo primero. Twenty-first.
Trigésimo cuarto. Thirty-fourth.

Los números ordinales se usan:
Para indicar el orden en que sucede o está ubicado algo o alguien:

Esta es mi primera clase. This is my **first** class.

Mi hermano es el segundo a la derecha.
My brother is the **second** on the right.

Para decir las fechas:

Ella nació el primero de julio. She was born on July **first**.

Para decir el piso en el que alguien vive:

Ellos viven en el quinto piso. They live on the **fifth** floor.

Di estas oraciones en inglés:

Ella vive en el décimo piso. 1. _____

Su cumpleaños es el 18 de enero. 2. _____

Este es tercer viaje. 3. _____

Key UNIT 98: 1. She lives on the tenth floor   2. His birthday is on January eighteenth
3. This is my third trip

UNIDAD 99 · ¿HAY UNA FARMACIA POR AQUÍ?
UNIT 99 · IS THERE A PHARMACY NEAR HERE?

Fíjate en estas frases que indican ubicación:

En la calle Coral. **On** Coral Street.
En la calle Coral 76. **At** 76 Coral Street.

Al lado de. **Next to.**   Enfrente de. **Across from.**

Cuando necesitas saber dónde está un lugar,
puedes hacer las siguientes preguntas:

¿Hay una oficina de correo por aquí?
Is there a post office **near here**?
¿Dónde está la farmacia más cercana?
Where's the **nearest** pharmacy?

Las respuestas podrán ser:

Hay una farmacia en la calle Coral.
There's a pharmacy **on** Coral Street.
En la calle Coral 76, exactamente. **At** 76 Coral Street, exactly.
Enfrente del estadio. **Across from** the stadium.
Al lado del supermercado. **Next to** the supermarket.

También puedes usar estas palabras y frases:

Entre. **Between.**   En la esquina. **On the corner of.**

La farmacia está entre el banco y el hospital.
The pharmacy is **between** the bank and the supermarket.
La oficina de correo está en la esquina de Coral y 27th Avenue.
The post office is **on the corner of** Coral and 27th Avenue.

Cerca. **Near.** Lejos. **Far.**

¿Es lejos de aquí? Is it **far** from here?
Está cerca del hospital. It's **near** the hospital.

Completa con la palabra o frase adecuada:

Hay un supermercado en la calle Coral. There's a supermarket
1. _____ Coral Street.

Está enfrente del estadio. It's 2. _____ the stadium.

Hay una farmacia en la calle Coral 76.
There's a pharmacy 3. _____ 76 Coral Street.

Está al lado del banco. It's 4. _____the bank.

¿Es lejos de aquí? Is it 5. _____here?

El hospital está entre el banco y la farmacia.
The hospital is 6. _____ the bank and the pharmacy.

La oficina de correo está en la esquina de Coral y 27th Avenue.
The post office is 7. _____ Coral y 27th Avenue.

Está cerca del estadio. It's 8. _____ the stadium.

Key UNIT 99: 1. on 2. across 3. at 4. next to 5. far 6. between 7. on the corner of 8. near

UNIDAD 100 · CÓMO PUEDO LLEGAR AL HOSPITAL?
UNIT 100 · HOW DO I GET TO THE HOSPITAL?

Si quieres saber cómo llegar a un lugar, puedes
hacer esta pregunta, usando el verbo **get:**

¿Cómo puedo llegar al hotel?
How do I **get** to the hotel?

¿Cómo puedo llegar al banco?
How do I **get** to the bank?

Fíjate en estas frases:

Siga derecho. **Go straight ahead.**

Doble. **Turn.**
Doble a la derecha. **Turn** right.
Doble a la izquierda. **Turn** left.

Cross. **Cruce.**
Take a right. **Doble** a la derecha.
Take a left. **Doble** a la izquierda.

Doble en la primera calle a la derecha. **Take** the first right.
Doble en la segunda calle a la izquierda. **Take** the second left.
Tome la salida 141. **Take** exit 141.

Lee las instrucciones:

Siga derecho dos cuadras. **Go straight ahead** for two blocks.
Doble a la izquierda en la calle Coral. **Turn left** on Coral Street.
Doble a la derecha en Unity Road. **Turn right** on Unity Road.
Cruce la avenida. **Cross** the avenue.
El banco está en la esquina de Coral y Unity.
The bank's **on** the corner of Coral and Unity.
¡No puede perderse! **You cant miss it!**

Completa estas instrucciones con las frases adecuadas:

Siga derecho tres cuadras. 1. _____ for three blocks.

Doble a la izquierda. 2. _____

Doble a la derecha. 3. _____

Cruce la avenida. 4. _____ the avenue.

El banco está en la esquina de S y T . The bank's 5. _____ of S and T.

¡No puede perdese! You can't 6. _____ it!

Key UNIT 100: 1. Go straight ahead 2. Turn left. 3. Turn right. 4. Cross
5. on the corner 6. miss

UNIDAD 101 · ¿A QUÉ DISTANCIA ESTÁ EL CLUB?
UNIT 101 · HOW FAR IS THE CLUB?

How puede combinarse con adjetivos y adverbios
para hacer preguntas.

Tiempo: **How soon?**
¿En cuánto tiempo terminarás? **How soon** will you finish?

Duración: **How long?**
¿Cuánto dura el viaje? **How long** is the trip?

Distancia: **How far?**
¿A qué distancia está el club? **How far** is the club?

Altura: **How tall?**
¿Qué altura tiene tu hermano? **How tall** is your brother?

Cantidad con sustantivos incontables: **How much?**
¿Cuánta azúcar necesitas? **How much** sugar do you need?

Cantidad con sustantivos contables: **How many?**
¿Cuántos limones necesitas? **How many** lemons do you need?

Haz preguntas para obtener esta información:

La distancia hasta el hospital. 1. _____ ?

La altura de Tom. 2. _____ ?

La duración del viaje. 3. _____ ?

La cantidad de leche que necesita. 4. _____ ?

La cantidad de limones que necesita. 5. _____ ?

El tiempo en que terminarás. 6. _____ ?

Key UNIT 101: 1. How far is the hospital 2. How tall is Tom 3. How long is the trip
4. How much milk do you need 5. How many lemons do you need 6. How soon will you finish

UNIDAD 102 · UNA VEZ EN LA VIDA
UNIT 102 · ONCE IN A LIFETIME

Para saber con cuánta frecuencia sucede algo,
puedes hacer esta pregunta:

¿Cada cuánto? ¿Con qué frecuencia? **How often**?

¿Cada cuánto viaja? **How often** does she travel?
¿Cada cuánto te visita? **How often** does he visit you?

Fíjate en estas respuestas:
Una vez. **Once.**   Dos veces. **Twice.**

Cuando la frecuencia es mayor, usas la palabra **times**,
que quiere decir *veces*:

Tres veces. **Three times.** Diez veces. **Ten times.**
Cien veces. **A hundred times.**

También puedes agregar estas frases, que tienen aquí este significado:
Por día. **A day.**   Por semana. **A week.**
Por mes. **A month.**   Por año. **A year.**

Dos veces por día. **Twice a day.**
Cuatro veces por semana. **Four times a week.**
Una vez al mes. **Once a month.**
Dos veces por año. **Twice a year.**

Completa con la frase adecuada:

Trabajo tres veces por semana. I work 1._____

Ella viaja dos veces por mes. She travels 2. _____

¿Cada cuánto te visita? 3._____ does she visit you?

Ella cocina una vez por semana. She cooks 4. _____

¿Cada cuánto viajas? 5. _____ do you travel?

Key UNIT 102: 1. three times a week 2. twice a month 3. How often 4. once a week
5. How often

UNIDAD 103 · CONDUCE CON CUIDADO
UNIT 103 · DRIVE CAREFULLY

Los adverbios son palabras que se forman, por lo general,
agregando la terminación «**-ly**» a un adjetivo:

Rápido. **Quick.**   Rápidamente. Quick**ly.**
Perfecto. **Perfect.**   Perfectamente. Perfect**ly.**
Cuidadoso. **Careful.**   Cuidadosamente. Careful**ly.**

Los adverbios pueden modificar a un verbo:

Él conduce cuidadosamente. He drives **carefully.**
Nosotros corremos rápidamente. We run **quickly.**

A un adjetivo:

La película es increíblemente divertida
The movie is **incredibly** funny.
Ellos son realmente buenos. They're **really** good.

A otros adverbios, como es el caso de **very, extremely** y **quite**.

Él corre muy rápido He runs very quickly.
Ellos caminan bastante despacio. They walk quite slowly.

Algunos adverbios no terminan en -ly, sino que son iguales a algunos adjetivos. Es el caso, por ejemplo, de:

Rápidamente. **Fast**.
Él corre rápidamente. He runs **fast**.

Tarde. **Late**.
Ella llegó tarde. She arrived **late**.

Mucho. **Hard**.
Yo trabajo mucho. I work **hard**.

Forma adverbios de los siguientes adjetivos:

Quick. 1. _____

Late. 2. _____   Hard. 5. _____

Perfect. 3. _____   Careful. 6. _____

Slow. 4. _____   Fast. 7. _____

Key UNIT 103: 1. Quickly 2. Late 3. Perfectly 4. Slowly 5. Hard 6. Carefully 7. Fast

UNIDAD 104 · HE VIVIDO AQUÍ 4 AÑOS
UNIT 104 · I'VE LIVED HERE FOR 4 YEARS

Veamos ahora cómo usar el presente perfecto, que es el tiempo verbal que debes usar, por ejemplo, cuando quieres describir acciones o situaciones que comenzaron en el pasado y siguen sucediendo. Fíjate en estas oraciones:

Jake ha sido un jugador profesional de basquetbol desde 1999.
Jake has been a professional basketball player **since** 1999.

Esto quiere decir que Jake empezó a jugar profesionalmente al basquetbol y lo sigue haciendo hasta el día de hoy.

Para formar el presente perfecto debes usar el verbo **to have**, que quiere decir aquí *haber* y otro verbo en participio, que es una forma especial del verbo.

Ha sido. **Has been.**   Ha ganado. **Has won.**
Ha vivido. **Has lived.**   Ha trabajado. **Has worked.**

En los verbos regulares, como **live** y **work**, el participio es igual al pasado.

En los verbos irregulares, el participio es a veces igual al pasado, como en el verbo **win**, cuyo pasado y participio es **won**. En otros casos es diferente, como en el verbo **to be**, cuyo pasado es **was** o **were** y el participio es **been**.

Recuerda el participio de estos verbos:

He was. 1. _____   He lived. 3. _____

She won. 2. _____   She worked. 4. _____

Key UNIT 104: 1. He has been   2. She has won   3. He has lived   4. She has worked

UNIDAD 105 · ELLA HA TRABAJADO AQUÍ DESDE 1976
UNIT 105 · SHE'S WORKED HERE SINCE 1976

El presente perfecto puede ser usado con las palabras **since**, que quiere decir *desde* y **for**, que quiere decir *durante*. Fíjate cómo el verbo **have** se contrae y forma: **I've** o **He's**.

Since indica el comienzo de la acción o situación que describes.

He vivido en Miami desde 1999. I've lived in Miami **since** 1999.

Él ha trabajado aquí desde el año pasado.
He's worked here **since** last year.

For indica la duración de un acción o situación:

He vivido en Miami durante 7 años. I've lived in Miami **for** 7 years.

Él ha trabajado aquí durante un año. He's worked here **for** a year.

Lee estas preguntas:

¿Cuánto tiempo has vivido en Miami?
How long have you lived in Miami?

Since 1999.   For 7 years.

¿Has vivido mucho tiempo aquí?
Have you lived here for a long time?

Lee la pregunta y contesta con el número que se te indica, como en el ejemplo: How long have your worked here? 1997 I've worked here since 1997.

How long have you lived here? 5 years. 1. _____

How long has he played soccer? 1996. 2. _____

How long have you studied English? 2 years. 3. _____

How long have they lived in that house? 2000. 4. _____

Key UNIT 105: 1. I've lived here for five years 2. He's played soccer since 1996.
3. I've studied English for two years 4.They've lived in that house since 2000.

UNIDAD 106 · ÉL NO HA LLEGADO TODAVÍA
UNIT 106 · HE HASN'T ARRIVED YET

También puedes usar el presente perfecto con **already**, que quiere decir *ya*, es decir, antes del momento en que hablas. Debes usarlo en oraciones afirmativas:

Ella ya ha terminado. She's **already** finished.

Mis padres ya se han mudado. My parents have **already** moved.

Y también con **yet,** que quiere decir *todavía* en negaciones, y *ya* en preguntas:

Ella no ha terminado todavía. She hasn't finished **yet.**

Mis padres no se han mudado todavía.
My parents haven't moved **yet.**

¿Ha terminado ya? Has she finished **yet**?

¿Ya se han mudado tus padres? Have your parents moved **yet**?

Puedes contestar de esta manera:

Has she finished?
Sí, ha terminado. **Yes, she has.**
No, no ha terminado. **No, she hasn't.**
Todavía no. **Not yet.**

Cambia las oraciones negativas en afirmativas, y viceversa:

Alyson hasn't arrived yet. 1. _____

The match has already finished. 2. _____

She has already applied for the job. 3. _____

Contesta estas preguntas con respuestas cortas.

Has Alyson arrived yet? 4. _____

Have they finished yet? 5. _____

Key UNIT 106: 1. Alyson has already arrived 2. The match hasn't finished yet 3. She hasn't applied for the job yet 4. Yes, she has/ No she hasn't / Not yet 5. Yes, they have/ No they haven't/ Not yet

---

UNIDAD 107 · ¿HAS VISTO ALGUNA VEZ A UN EXTRATERRESTRE?
UNIT 107 · HAVE YOU EVER SEEN AN E.T.?

El presente perfecto también se usa cuando no especificas el momento en que algo sucedió, sino que simplemente dices que ocurrió.

Yo he jugado en un equipo de basquetbol.
I've played on a basketball team.

Ella ha viajado mucho. She's traveled a lot.

También puedes usarlo cuando una acción se repitió en el pasado:

He visto *Titanic* 10 veces. I've seen *Titanic* ten times.
Él ha ido a Disneyworld muchas veces.
He's been to Disneyworld many times

Para preguntar puedes usar la palabra **ever**
que significa *alguna vez.*

¿Has visto alguna vez a un actor famoso?
Have you ever seen a famous actor?

Yes, I have.   Yes, many times.

Para dar una respuesta negativa, puedes usar **never**,
que quiere decir *nunca*:

¿Has viajado a Perú alguna vez?
¿Have you ever traveled to Peru?

No, **never**.

No, nunca viajé a Perú. No, I've **never** traveled to Peru.

Escribe estas oraciones en inglés:

Nunca he ido a Disneyworld. 1. _____

Nosotros hemos jugado al baseball. 2. _____

¿Has visto Titanic alguna vez? 3. _____

Yo la he visto muchas veces. 4. _____

Key UNIT 107: 1. I've never been to Disneyworld 2. We've played baseball
3. Have you ever seen *Titanic* 4. I've seen it many times

UNIDAD 108 · TE HE ESTADO EXTRAÑANDO
UNIT 108 · I'VE BEEN MISSING YOU

El presente perfecto continuo se usa cuando queremos enfatizar el tiempo que dura una acción que comenzó en el pasado y continua en el presente. Fíjate en el ejemplo:

Ha estado lloviendo toda la mañana.
It's been raining all morning.

Se forma agregando un verbo terminado en -ing
al presente perfecto:

It's been raining.
She's been driving.

Se puede usar con **since** y **for**:

Ellos han estado esperándola desde las 9.
They've been waiting for her **since** 9 o'clock.
George ha estado conduciendo durante cinco horas.
George has been driving **for** five hours.

Puedes preguntar de esta forma:

¿Has estado esperando mucho tiempo?
Have you been waiting long?

Sí. Yes, I have.
No. No, I haven't. .

¿Cuánto hace que estás esperando?
¿How long have you been waiting?

Desde las 3. **Since** 3 o'clock.
Diez minutos. **For** ten minutes.

Escribe estas oraciones en inglés:

Él ha estado conduciendo durante una hora. 1. ⎯⎯⎯⎯⎯⎯

¿Has estado esperando mucho tiempo? 2. ⎯⎯⎯⎯⎯⎯

Ha estado lloviendo desde las 2. 3. ⎯⎯⎯⎯⎯⎯

He estado estudiando desde las 7. 4. ⎯⎯⎯⎯⎯⎯

Hemos estado trabajando durante 8 horas. 5. ⎯⎯⎯⎯⎯⎯

Key UNIT 108: 1. He's been driving for an hour 2. Have you been waiting long 3. It's been raining since 2   4. I've been studying since 7. 5. We've been working for 8 hours

UNIDAD 109 · ¿QUÉ DÍA ES HOY?
UNIT 109 · WHAT DAY IS IT TODAY?

Debido a que en inglés debes siempre usar un pronombre delante de un verbo, el pronombre It se usa en muchos casos en los que no se traduce en español. Fíjate en estos ejemplos:

La hora. The time.
Son las tres y media. It's three thirty.
Es tarde. It's late. It's late.
Qué hora es? What time is it?

Los días de la semana. Days of the week.

¿Qué día es? What day is it?
Es lunes. It's Monday.

Las fechas. Dates
Es el 22 de mayo. It's May 22.

Distancias. Distance
¿A qué distancia está? How far is it?
Está cerca. It's near.

El tiempo. The weather

Está lloviendo. It's raining.

Nevó. It snowed.

Hace calor. It's hot.

Seguido de un adjetivo y el infinitivo:

Es bueno verte de nuevo. It's nice to see you again.

Es difícil de entender. It's difficult to understand.

Escribe estas oraciones en inglés:

Son las 5. 1. _____

Es lejos. 2. _____

Está lloviendo. 3. _____

Es jueves. 4. _____

Hace calor. 5. _____

Key UNIT 109: 1.It's five o'clock 2. It's far 3 It's raining 4. It's Thursday 5. It's hot

UNIDAD 110 · VOLVER AL FUTURO
UNIT 110 · BACK TO THE FUTURE

Una de las maneras de hablar sobre el futuro es usar los auxiliares **will** y **going to,** para describir acciones o situaciones que estás seguro que ocurrirán en el futuro. Fíjate en estos ejemplos:

Yo me iré. I **will** leave. I'm **going to** leave.
Yo me quedaré. I **will** stay. I'm going to stay.

Will se contrae de esta manera.

I'll . I'll leave.   She'll . She'll leave.

Going to se pronuncia **gonna**:

I'm **gonna** leave.   We're **gonna** stay.

No es necesario que lo pronuncies de esta forma, pero sí debes estar preparado para entender a un nativo.

Cuando hablas en futuro, puedes usar estas palabras para reforzar lo que dices:

Mañana. Tomorrow.
La próxima o el próximo. Next.
El próximo fin de semana. Next weekend.
El domingo. On Sunday.
Esta tarde. This afternoon.

Lee estas oraciones:

Ellos estarán en Puerto Rico mañana.
They'll be in Puerto Rico tomorrow.
Yo estaré en el hospital a las 2.
I'm going to be at the hospital at 2 o'clock.
Él cumplirá 64 años este año. He'll be 64 this year.

Cambia **will** por **going to** o viceversa:

I'm gonna leave at 3. 1. _____

We'll be at home this evening. 2. _____

I'm gonna travel next weekend. 3. _____

Key UNIT 110: 1. I'll leave at 3.   2. We're going to be at home this evening.
3. I'll travel next weekend.

UNIDAD 111 · VOY A GANAR LA LOTERÍA
UNIT 111 · I'M GONNA WIN THE LOTTERY

También puedes hacer predicciones sobre lo que sucederá en el futuro usando los auxiliares **will** y **going to**.
Fíjate en estos ejemplos:

Ella será una gran doctora. She's **going to** be a great doctor.

Su hijo será muy alto. Her son **will** be very tall.

También puedes usar oraciones negativas.
En este caso **will not** se contrae y forma **won't**

No va a llover mañana. It **won't** rain tomorow.
Ellos no van a venir. They're not **going to** come.

Puedes también usar estas palabras:
Probablemente. **Probably.**   Quizás. **Maybe.**
Él llegará tarde, probablemente. He'll **probably** be late.
Quizás ellos no la llamarán. Maybe they **won't** call her.

Puedes usar **will** para hacer promesas:
No te preocupes, hablaré con ella. Don't worry, **I'll** talk to her.
Siempre te amaré. **I'll** always love you.

Escribe estas oraciones en inglés:
Ella te va a llamar. 1. _____
Él no va a venir. 2. _____
Quizá los invite. 3. _____
Siempre te amaré. 4. _____

Key UNIT 111: 1. She's going to call you 2. He won't come 3. Maybe I'll invite them
4. I'll always love you

UNIDAD 112 · ME VOY A ACOSTAR TEMPRANO
UNIT 112 · I'LL GO TO BED EARLY

También puedes hablar de intenciones o planes futuros.
En estos casos puedes usar **will, going to** y el presente continuo:

Me iré a dormir temprano. **I'll** go to bed early.
Él va a estudiar medicina. He's **going to** study medicine.

Viajo a Nueva York el lunes. I'm traveling to New York on Monday.

Nos vamos hoy. We're leaving today.

También puedes usar el presente simple con sentido futuro para hablar de horarios, programas y cronogramas. Fíjate en estos ejemplos:

La película comienza a las 8. The movie starts at 8.

El avión sale a las 10. The plane leaves at 10.

Expresa intenciones o planes futuros con estas palabras:

Go to bed early. 1. _____

Talk to her. 2. _____

Cook fish for dinner. 3. _____

Movie-start at ten. 4. _____

Basketball match-finish at 10. 5. _____

Key UNIT 112: 1. I'll go to bed early. I'm going to bed early. / 2. I'll talk to her. I'm going to talk to her. / 3. I'm going to cook fish for dinner. I'll cook fish for dinner. / 4. The movie starts at ten / 5. The basketball match finishes at 10.

UNIDAD 113 · ¿QUIÉN PARARÁ LA LLUVIA?
UNIT 113 · WHO'LL STOP THE RAIN?

Veamos cómo preguntar en futuro y responder usando respuestas cortas.

¿Le pedirás que venga? Will you ask her to come?
No, I won't.

¿Vas a ir al cine esta noche? Are you going to a movie tonight?
Sí, voy. Yes, I am.

¿Se mudan? Are they moving?
Sí, se mudan. Yes, they are.

¿Termina temprano? Does it finish early?
No. No, it doesn't.

Fíjate en estas preguntas con **who, when, where**
y **what,** y sus respuestas:

¿Quién ganará las elecciones? **Who** will win the elections?
No lo sé. I don't know.

¿A dónde se está mudando? **Where**'s she moving?
A Chicago. To Chicago.

¿Cuándo vas a viajar? **When** are you going to travel?
El próximo jueves. Next Thursday.

¿A qué hora parte el avión? At **what** time does the plane leave?
A las 4:30. At 4:30.

Escribe estas preguntas en inglés:

¿Lo comprarás? 1. _____ ?

¿Cuándo vas a venir a cenar? 2. _____?

Contesta estas peguntas:

Are you going to go to the party tomorrow?

Yes, 3. _____ No, 4. _____

Is she coming? Yes, 5. _____ No, 6. _____

Key UNIT 113: 1. Will you buy it 2. When are you coming for dinner 3. I am
4. I'm not 5. she is. 6. she isn't.

UNIDAD 114 · EL PRONÓSTICO DEL TIEMPO
UNIT 114 · THE WEATHER FORECAST

Para saber cómo está el tiempo, puedes hacer esta pregunta:

What's the weather like? O también: **How's the weather?**

Para hablar del tiempo, se usa el pronombre **it**, que reemplaza a la
palabra **weather,** que quiere decir *tiempo.* Lee estas frases:

Hace frío. It's cold.   Hace calor. It's hot.
Está fresco. It's cool.   Está cálido. It's warm.

Hay viento. It's windy.   Está nublado. It's cloudy.
Está lloviendo. It's raining.   Está nevando. It's snowing.
Está soleado. It's sunny.   Está húmedo. It's humid.
Showers. Chubascos.   Tornados. Tornadoes.
Huracanes. Hurricanes.   Thunderstorm. Tormenta eléctrica.
Temperaturas mínimas: Lows   Temperaturas máximas: Highs.
Dry: Seco   Hail. Granizo.

También puedes preguntar por la temperatura:
What's the temperature?

Recuerda que la respuesta será en grados Fahrenheit:
60 grados. It's 60 degrees.

Traduce el pronóstico para el fin de semana al español.

It will be cloudy. 1. _____ It will be very cold. 4. _____

It will be rainy. 2. _____ It will be windy. 5. _____

It will be hot. 3. _____ It's going to snow. 6. _____

Key UNIT 114: 1. Estará nublado.   2. Estará lluvioso.   3. Hará calor.   4. Hará mucho frío.
5. Estará ventoso. 6. Va a nevar.

UNIDAD 115 · QUIZÁS LLUEVA OTRA VEZ
UNIT 115 · IT MIGHT RAIN AGAIN

Para hablar de posibilidad en el futuro, puedes usar estos
auxiliares, que significan *puede, es posible, quizás:*

may   **might**   **could**

Fíjate en estas oraciones:

Mañana puede hacer calor. It **may** be hot tomorrow.

Puede llover más tarde. It **might** rain later.

Puede llover esta noche. It **could** rain at night.

Lee estas oraciones negativas con **may** y **might**:

Es posible que no haga frío. It **may** not be cold.

Es posible que no nieve. It **migth** not snow.

Es posible que no esté nublado. It **may** not be cloudy.

Para preguntar sobre posibilidad futura, usas alguna forma de futuro:

¿ Va a llover mañana? Is it going to rain tomorrow?
Es posible. It **might**.

¿Nevará? Will it snow?   Es posible. It **may**.

Transforma las oraciones negativas en afirmativas y viceversa:

It may rain. 1. _____

It might not be hot. 2. _____

It might not be cloudy. 3. _____

It may not be cold. 4. _____

Key UNIT 115: 1. It may not rain 2. It might be hot 3. It might be cloudy 4. It might be cold

UNIDAD 116 · EL LAVADERO THE AUTOS
UNIT 116 · THE CAR WASH

Lee las palabras que puedes usar para describir
los pasos de un proceso:

Primero. **First**.   Luego. **Then**.   A continuación. **Next**.
Después. **After that**.   Finalmente. **Finally**.

Fíjate cómo decir las partes de un auto:

Accelerator. Acelerador.   **Clutch**. Embrague.
Battery. Batería.   **Dashboard**. Tablero.
Hood. Capot.   **Exterior**. Exterior.
Brake. Freno.   **Fender**. Paragolpes.

Gear box. Caja de cambios.
Headlight. Luces.
Interior. Interior.
Mirror. Espejo.
Windshield. Parabrisas.
Parking brake. Freno de mano.

Door. Puerta.
Radiator. Radiador.
Wheel. Rueda.
Steering wheel. Volante.
Tire. Goma.
Trunk. Maletero.
Window. Ventana.

Imagina que te están explicando cómo se lava un auto en un lavadero. Lee la explicación.

Las máquinas lavan el exterior de su auto. The machines wash the exterior of your car.

Primero, mojan el auto. First, they soak the car.

Luego, aplican espuma. Then, they apply foam.

Luego, cepillan la espuma. After that, they scrub the foam.

Y enjuagan el auto. And rinse the car.

A continuación, lo secan. Next, they dry it.

Después, los empleados pasan la aspiradora en el interior de su auto. After that, the attendants vacuum the interior of the car.

Finalmente, lustran las ruedas. Finally, they polish the wheels.

Completa los espacios en blanco con las palabras correctas según la explicación que acabas de leer.

Primero, lavan el exterior. First they 1._____the exterior.

Las máquinas mojan el auto. The machines 2._____the car.

Luego, aplican espuma. Then, they 3._____foam.

Luego, cepillan la espuma. After that, they 4._____the foam.

Y enjuagan el auto. And 5._____the car.

Después, lo secan. After that, they 6._____it.

Luego, pasan la aspiradora en el interior. Then, they 7._____the interior.

Finalmente, lustran las ruedas. Finally, they 8._____the wheels.

Key UNIT 116: 1. wash 2. soak 3. apply 4. scrub 5. rinse 6. dry 7. vacuum 8. polish

UNIDAD 117 · PASTEL DE NUECES
UNIT 117 · PECAN PIE

Cuando quieres dar instrucciones sobre cómo hacer algo, puedes usar la forma imperativa. Si bien el sujeto del verbo es **You**, no debes decirlo. Lee estos ejemplos:

Prepara la masa. Make the pastry.
Bate los huevos. Beat the eggs.

Fíjate en las instrucciones-**directions**- para preparar el pastel de nueces:

¿Cómo preparo el pastel de nueces? How do I make the pecan pie?
Primero, prepara la masa del pastel. First, make the pie pastry.
Hornéala 15 minutos. Bake it for 15 minutes.
Luego, prepara el relleno de esta forma.
Then, prepare the filling like this.
Bate tres huevos. Beat three eggs.
Agrega el azúcar moreno, la mantequilla y la vainilla.
Add the brown sugar, the butter and the vanilla.
Mezcla bien. Mix well.
Agrega las nueces pacanas. Add the pecans.
Hornea 35 minutos. Bake for 35 minutes.
Y luego, disfrútalo. And then, enjoy it!

Escribe estas instrucciones en inglés:

Prepara la masa del pastel. 1. _____

Hornéala 15 minutos. 2. _____

Prepara el relleno. 3. _____

Bate tres huevos. 4. _____

Agrega la mantequilla. 5. _____

Mezcla bien. 6. _____

Agrega las nueces pacanas. 7. _____

¡Disfrútalo! 8. _____

UNIDAD 118 · ME LASTIMÉ
UNIT 118 · I HURT MYSELF

Cuando quieres decir *me lastimé* debes decir **I hurt myself.** **Myself** quiere decir *a mí mismo.* Estas palabras se llaman pronombres reflexivos. Veamos los pronombres que puedes usar para el resto de las personas:

Yo me lastimé. I hurt **myself.**
Tú te lastimaste. You hurt **yourself.**
Él se lastimó. He hurt **himself.**
Ella se lastimó. She hurt **herself.**
(El perro) se lastimó. It (the dog) hurt **itself.**
Nosotros nos lastimamos. We hurt **ourselves.**
Ustedes se lastimaron. You hurt **yourselves.**
Ellos se lastimaron. They hurt **themselves.**

Lee estos ejemplos:

Ella se cortó con un cuchillo. She cut **herself** with a knife.
Él se quemó con la estufa. He burnt **himself** on the stove.
Nos miramos en el espejo. We look at **ourselves** in the mirror.
Me pellizqué. I pinched **myself.**

Completa estas oraciones con la palabra correcta:

She saw 1. _____

I burnt 2. _____

They looked at 3. _____

He cut 4. _____

You pinched 5. _____

We hurt 6. _____

UNIDAD 119 · ME SIENTO MUY MAL
UNIT 119 · I FEEL AWFUL

Lee cómo decir algunos órganos del cuerpo humano:

Garganta. **Throat**.

Pulmón. **Lung**.   Hígado. **Liver**.

Corazón. **Heart**.   Riñones. **Kidney**.

Estómago. **Stomach**.   Intestinos. **Bowels**.

Cuando te sientes mal físicamente puedes usar estas frases:

No me siento bien. I don't feel very well.

Me siento muy mal.   I feel awful.

I feel terrible.

I feel sick.

También puedes decir qué te sucede de esta forma:

Me duele la cabeza. I have a **headache**.

Me duele el estómago. I have a **stomachache**.

Me duele la garganta. I have a **sore** throat.

Me duele el oído. I have an **earache**.

Me duele una muela. I have a **toothache**.

Me duele la espalda. I have a **backache**.

O usar el verbo **hurt**, que quiere decir *duele*:

Me duele la pierna. My leg **hurts**.

Me duele el hombro. My shoulder **hurts**.

Recuerda qué puedes decir cuando te duelen estas partes del cuerpo. Comienza tu oración usando **I have.** Fíjate en este ejemplo: head. I have a headache:

Stomach. 1. _____

Tooth. 2. _____

Throat. 3. _____

Back. 4. _____

Ear. 5. _____

Key UNIT 119: 1. I have a stomachache 2. I have a toothache 3. I have a sore throat
4. I have a backache 5. I have an earache

UNIDAD 120 · ¡UN MÉDICO, POR FAVOR!
UNIT 120 · A DOCTOR, PLEASE!

También podrás contarle al médico que tienes estos síntomas:

Me siento mareado. I feel dizzy.
Estornudo todo el tiempo. I sneeze all the time.
Tengo tos. I have a cough.
Tengo calambres. I have cramps.
Tengo fiebre. I have a fever.
Tengo un salpullido. I have a rash.

El médico puede encontrar alguna de estas enfermedades o problemas:

Asma. **Asthma.** Paperas. **Mumps.**
Hepatitis. **Hepatitis.** Úlcera. **Ulcer.**
Gripe. **Flu.** Resfrío. **Cold.**
Indigestión. **Indigestion.** Alergia. **Allergy.**
Diabetes. **Diabetes.** Hipertensión. **Hypertension.**
Infección. **Infection.**
Enfermedad de corazón. **Heart disease.**

Probablemente te **de** una receta para comprar algunas medicinas:
Una receta: **A prescription.**   Medicinas: **Medicines.**

Recuerda cómo decir estas frases en inglés:

Tengo fiebre. 1. _____

Me siento mareado. 2. _____

Estornudo todo el tiempo. 3. _____

Recuerda cómo decir estas enfermedades:

Gripe. 4._____   Úlcera. 7. _____

Resfrío. 5. _____   Alergia. 8._____

Hipertensión. 6. _____   Enfermedad del corazón. 9. _____

Key UNIT 120: 1. I have a fever   2. I feel dizzy   3. I sneeze all the time   4. Flu   5. Cold
6. Hypertension   7. Ulcer   8. Allergy   9. Heart disease

UNIDAD 121 · DEBERÍAS IRTE DE VACACIONES
UNIT 121 · YOU SHOULD GO ON VACATION

Para dar y pedir consejos y recomendaciones, debes usar el auxiliar **should**, que quiere decir *debería o debe*. Puedes preguntarle al médico lo siguiente:

¿Qué debo hacer? What **should** I do?
¿Debo quedarme en mi casa? **Should** I stay at home?

La forma negativa contraída del auxiliar es **shouldn't.**

Él te dará estas recomendaciones:
Debes beber mucha agua. You **should** drink a lot of water.
No debes beber café. You **shouldn't** drink coffee.

Otro auxiliar que expresa recomendación es **had better,** que quiere decir, *es necesario o será mejor que,* y se usa cuando la recomendación o indicación tiene cierta urgencia.

Es necesario que deje de fumar. You'**d better** stop smoking.

Es necesario que tome esta medicina. You'**d better** take this medicine.

Para usarlo en negativo, se coloca **not** después de **better**.

Será mejor que no se mueva. You'd better not move.

Será mejor que no vaya al trabajo. You'd better not go to work.

Imagina que estás dándole un consejo a alguien. Usa **should** o **'d better** y sus formas negativas.

Stay in bed. 1. _____

Not go out. 2. _____

Take this medicine. 3. _____

See a doctor. 4. _____

Not drive. 5. _____

Key UNIT 121: 1. You should stay in bed. You'd better stay in bed. / 2. You shouldn't go out. You'd better not go out / 3. You should take this medicine. You'd better take this medicine. / 4. You should see a doctor. You'd better see a doctor / 5. You shouldn't drive. You'd better not drive.

UNIDAD 122 · SOY FANÁTICO DEL FÚTBOL
UNIT 122 · I'M A SOCCER FAN

Fíjate cómo se dicen algunos deportes.

Estos deportes competitivos se juegan con una pelota.

Tenis. **Tennis**.   Fútbol americano. **Football**.

Basquetbol. **Basketball**.   Golf. **Golf**.

Béisbol. **Baseball**.   Rugby. **Rugby**.

Fútbol. **Soccer**.   Hockey. **Hockey**.

Debes usarlos con el verbo **play**, que quiere decir *jugar.*

Ellos juegan al tenis los fines de semana.
They **play** tennis on weekends.
Nunca he jugado al golf. I've never **played** golf.

Estas actividades se pueden hacer, por lo general,
en espacios abiertos:

Natación. **Swimming.**   Correr. **Jogging.**
Caminata. **Walking.**   Ciclismo. **Cycling.**
Equitación. **Horseback riding.**

Se usan con el verbo **go**, que quiere decir *ir.*

Siempre voy a nadar a la mañana.
I always **go** swimming in the morning.
Se fue a correr. She **went** jogging.

Estas actividades se practican, por lo general,
en un espacio cerrado:

Gimnasia. **Gym.**   Yudo. **Judo.**   Karate. **Karate.**   Yoga. **Yoga.**

Se usan con el verbo **do**, que quiere decir *hacer o practicar.*
Ella hace yoga todos los días. She **does** yoga every day.

Escribe estas oraciones en inglés:

Yo juego al basquetbol una vez por semana. 1. _____

Ella no va a caminar. 2. _____

Mis padres hacen yoga. 3. _____

Nunca he jugado al hockey. 4. _____

Me encanta ir a andar a caballo. 5. _____

Key UNIT 122: 1. I play basketball once a week 2. She doesn't go walking
3. My parents do yoga 4. I've never played hockey 5. I love to go horseback riding

UNIDAD 123 · YO PREFIERO EL BASQUETBOL
UNIT 123 · I PREFER BASKETBALL

Imagina que estás conversando con un compañero de trabajo y quieres saber qué deporte prefiere.
Puedes hacerle estas preguntas:

¿Qué deporte prefieres? Which sport **do you prefer?**

Para expresar preferencias en general, puedes usar el verbo **prefer**, que quiere decir, *preferir.*

Yo prefiero el béisbol. I prefer baseball.
Ella prefiere el tenis. She prefers tennis.

También puedes usar **prefer** seguido de otro verbo terminado en -ing:

Prefiero jugar al fútbol. I prefer play**ing** soccer.
Ellos prefieren nadar. They prefer swimm**ing**.

Cuando hablas de preferencias en una situación particular, puedes usar las frases **would prefer** o **would rather,** seguidos de un infinitivo, con el mismo significado.
Recuerda que **would** se usa en su forma contraída.

Generalmente prefiero correr, pero hoy preferiría caminar.
I usually prefer jogging, but today I'd prefer **to walk.**
but today I'd rather **walk.**

Fíjate que se usa el infinitivo con **prefer** y **rather:**

I'd prefer **to walk.** (Infinitivo con **to**)
I'd rather **walk.** (Infinitivo sin **to**)

Las oraciones negativas se forman colocando **not** después de **prefer** o **rather:**

Prefiero no mirar partidos. I prefer **not** to watch matches.

Preferiría no mirar el partido hoy.
I'd prefer **not** to watch the match today.
I'd rather **not** watch the match today.

Cambia **prefer** por **would rather** o **would prefer** y usa sus formas contraídas:

I generally prefer walking, but today tennis 1. _____

I usually prefer playing tennis, but tomorrow jogging 2. _____

I generally prefer swimming, but today yoga 3. _____

Transforma estas oraciones afirmativas en negativas:

I prefer watching basketball. 4. _____

I'd prefer to watch basketball today. 5. _____

I'd rather watch a movie today. 6. _____

Key UNIT 123: 1. I'd rather play tennis. I'd prefer to play tennis. 2. I'd rather go jogging. I'd prefer to go jogging. 3. I'd rather do yoga. I'd prefer to do yoga 4. I prefer not to watch basketball. 5. I'd prefer not to watch basketball today. 6. I'd rather not watch a movie today.

UNIDAD 124 · ¡QUÉ DESORDEN!
UNIT 124 · WHAT A MESS!

Ha llegado el fin de semana y decides ordenar tu casa con la ayuda de tu familia.

Para expresar necesidad u obligación, debes usar el auxiliar **have to**, que quiere decir *tengo que*.

Tengo que limpiar la cocina. I **have to** clean the kitchen.
Sarah tiene que recoger su ropa. Sarah **has to** pick up her clothes.
Greg tiene que ordenar su cuarto. Greg **has to** tidy his bedroom.

Puedes hacer preguntas de esta forma:

¿Tengo que pasarle la aspiradora a la alfombra?
Do I have to vacuum the carpet?
¿Tengo que recoger tu ropa? **Do I have** to pick up your clothes?.
¿Tiene que ordenar su cuarto? **Does he have** to tidy his room?

Cuando no es necesario hacer algo porque ya está hecho,
se usa **don't have to** o **doesn't have to**.

No tengo que limpiar el baño. I **don't have to** clean the bathroom.

Greg no tiene que hacer su cama.
Greg **doesn't have to** make his bed.

Expresa obligación con estas frases. Ejemplo: Wash the dishes. I have
to wash the dishes.

Make my bed. 1. _____

Clean the bathroom. 2. _____

Pick up my clothes. 3. _____

Vacuum the carpet. 4. _____

Tidy my room. 5. _____

Clean the kitchen. 6. _____

Key UNIT 124: 1. I have to make my bed. 2. I have to clean the bathroom 3. I have to pick up my
clothes 4. I have to vacuum the carpet 5. I have to tidy my room 6. I have to clean the kitchen

---

UNIDAD 125 · USTED NO PUEDE ESTACIONAR AQUÍ
UNIT 125 · YOU CAN'T PARK HERE

Para expresar obligación, se usa el auxiliar **must**.
Fíjate en estos ejemplos:

Los conductores deben tener una licencia.
Drivers **must** have a license.

Deben usar el cinturón de seguridad.
They **must** wear a seat belt.

Deben poner la señal de giro antes de doblar.
They **must** signal before they turn.

Cuando se indica que algo está prohibido, se usa
principalmente **can't** y también **mustn't**.

Usted no puede aparcar aquí. You **can't** park here.

Usted no puede girar a la izquierda aquí. You **can't** turn left here.
No deben beber alcohol. They **musn't** drink alcohol.
No deben cruzar con luz roja. They **musn't** go through a red light.

Expresa las obligaciones de los conductores. Fíjate en las frases y forma la oración como en el ejemplo: Drivers - have a license. Drivers must have a license.

Drivers-wear a seat belt. 1. _____

Drivers-signal before they turn. 2. _____

Expresa estas prohibiciones.

Drivers-park here. 3. _____

Drivers-drink alcohol. 4. _____

Key UNIT 125: 1. Drivers must wear a seat belt 2. Drivers must signal before they turn 3. Drivers can't park here. O también: Drivers musn't park here. 4. Drivers musn't drink alcohol. O también: Drivers can't drink alcohol

---

UNIDAD 126 · ¡PERDÍ MI CELULAR!
UNIT 126 · I LOST MY CELL PHONE

Tu amiga Kate no encuentra su celular, y estás ayudándola a buscarlo. Para hacer suposiciones puedes usar los auxiliares **must** y **have to**. Fíjate en lo que dice Kate y saca una conclusión.

I took a cab.
Entonces debe de estar en el taxi. So it **must be** in the cab.
After that, I met Jack for dinner.
Entonces él debe de tenerlo. Then he **has to** have it.
Then I got home!
Bueno...¡debe de estar en el refrigerador!
Well... it **must be** in the fridge!

Para expresar una suposición en negativo, puedes usar **can't** y **must not.**

No puede estar en el taxi. It **can't** be in the cab.

Él no debe de tenerlo. He **must not** have it.

No puede estar en el refrigerador. It **can't** be in the fridge.

Expresa una conclusión afirmativa con **must** y **have to**:

I took a cab. 1. _____

I went to the hairdresser's. 2. _____

Transforma estas conclusiones afirmativas en negativas usando **must not** y **can't.**

It must be in the cab. 3. _____

It has to be at the hairdresser's. 4. _____

Key UNIT 126: 1. It must be in the cab   2. It has to be at the hairdresser's
3. It must not be in the cab   4. It can't be at the hairdresser's

---

UNIDAD 127 · ¿PUEDO USAR EL TELÉFONO?
UNIT 127 · MAY I USE YOUR PHONE?

Cuando tienes que pedir permiso de manera formal para hacer o usar algo, puedes usar los auxiliares **May** y **Could.**

¿Podría usar su lapicera, por favor?
May I use your pen, please?
Sí, por supuesto. Yes, of course.

¿Podría entrar? **May** I come in?
Disculpe, estamos cerrando. I'm sorry, we're closing.

¿Podría hacerle una pregunta? **Could** I ask you a question?
Adelante. Go ahead.

Cuando la situación es más informal puedes usar **can**.

¿Puedo pedirte 10 dólares? Can I borrow 10 dollars?
Seguro. Sure.

¿Podría sacar fotos? Can I take some pictures?
No, no puede. No, you can' t.

¿Puedo mirar esas fotos? Can I look at those pictures?
Si. Yes, you can

Pide permiso usando **May** o **Could** en estas situaciones:

Take a message. 1. _____

Use your phone. 2. _____

Pide permiso usando **Can:**

Borrow 30 dollars. 3. _____

Use your car. 4. _____

Key UNIT 127: 1.May I take a message? 2. Could I use your phone?
3. Can I borrow 30 dollars?   4. Can I use your car?

UNIDAD 128 · ¿TE MOLESTARÍA CERRAR LA VENTANA?
UNIT 128 · WOULD YOU MIND CLOSING THE WINDOW?

Para hacer pedidos de manera formal también puedes
usar los auxiliares **Would** y **Will**.

¿Podría cerrar la puerta, por favor?
Will you please close the door?

¿Podría encender las luces? **Will** you turn on the lights?

¿Podría apagar el aire acondicionado?
Would you please turn off the air conditioner?

¿Podría bajar el volumen? **Would** you turn down the volume?

También puedes usar la frase **would you mind,** que quiere decir ¿le molestaría?, seguida de un verbo terminado en -ing.

¿Le molestaría cerrar la puerta? **Would** you mind closing the door?

¿Le molestaría apagar el aire acondicionado?
Would you mind turning off the air conditioner?

Haz estos pedidos usando **Would** y **Will**:

Open the window. 1. _____ ?

Turn down the volume. 2. _____ ?

Haz estos pedidos usando **Would you mind**:

Close the door. 3. _____ ?

Turn off the air conditioner. 4. _____ ?

Key UNIT 128: 1. Would you open the window 2. Would you turn down the volume
3. Would you mind closing the door 4. Would you mind turning off the air conditioner

---

UNIDAD 129 · QUÉDESE CON EL CAMBIO
UNIT 129 · KEEP THE CHANGE

Cuando visitamos un país que no es el nuestro, desconocemos muchas de sus costumbres. Imagina que estás charlando con un compañero de trabajo y quieres saber en qué casos se supone que se debe dejar propina en su país. Propina se dice: **tip.**

Deberás usar la frase **supposed to**, que quiere decir **se supone.**

At a hotel:
Se supone que debes dejarle propina al botones.
You're **supposed** to tip the bellboy.
Y a la mucama. You're **supposed** to tip the maid.

At a restaurant:
Se supone que debes dejarle propina al camarero.
You're **supposed** to tip the waiter.

At the parking lot,

Se supone que debes dejarle propina al *valet*.
You're **supposed** to tip the valet.

Puedes también hacer estas preguntas:

¿A quién se supone que debo dejarle propina?
Who am I **supposed** to tip?

¿Se supone que debo dejarle propina al conserje?
Am I **supposed** to tip the concierge?

Yes, you are.

¿Se supone que debo dejarle propina al guía de turismo?
Am I **supposed** to tip the travel guide?

No, you're not.

Si quieres decir una oración negativa, la formarás de esta manera:

No tienes que darle propina al guía de turismo.
You're not **supposed** to tip the tour guide.

No tienes que darle propina al conserje.
You're not **supposed** to tip the concierge.

Forma oraciones con **I'm supposed to tip** en estos casos:

The waiter. 1. _____

The bellboy. 2. _____

The delivery boy. 3. _____

The maid. 4. _____

Forma oraciones con o **I'm not supposed to tip** en estos casos.

The tour guide. 5. _____

The concierge. 6. _____

Key UNIT 129: 1. I'm supposed to tip the waiter 2. I'm supposed to tip the bellboy
3. I'm supposed to tip the delivery boy 4. I'm supposed to tip the maid 5. I'm not
supposed to tip the tour guide 6. I'm not supposed to tip the concierge

UNIDAD 130 · PEDIRÉ ESPAGUETI
UNIT 130 · I'LL HAVE THE SPAGHETTI

Lee las frases que puede decir un camarero en un restaurant:

Buenas noches, aquí están los menús.
Good evening, here are the menus.

¿Qué les traigo para beber? What would you like to drink?

¿Qué van a pedir? What would you like to order?

Cuando ya has elegido el plato, puedes decir:

Pediré la ensalada de espinaca. I'll have the spinach salad.

Pediré el cóctel de camarones, por favor.
I'll have the shrimp cocktail, please.

Quisiera el pollo asado. I'd like the grilled chicken.

Quisiera los espagueti, por favor. I'd like the spaghetti, please.

Probaré el pastel de limón. I'll try the lemon pie.

Probaré las fresas con crema.
I'll try the strawberries with cream.

Escribe estas oraciones en inglés:

¿Qué les traigo para beber? 1._____

¿Qué van a pedir? 2. _____

Pediré la ensalada de espinaca. 3. _____

Quisiera los espaguetti, por favor. 4. _____

Probaré el pastel de limón. 5. _____

Key UNIT 130: 1. What would you like to drink? 2 What would you like to order?
3. I'll have the spinach salad. 4. I'd like the spaghetti, please 5. I'll try the lemon pie.

UNIDAD 131 · HAY ALGUIEN EN EL JARDÍN
UNIT 131 · THERE'S SOMEBODY IN THE GARDEN

Las palabras **some, any** y **no** pueden combinarse para formar otras palabras. Siempre se usan con un verbo en singular.

Estas palabras con **some** se usan en oraciones afirmativas.

Alguien. **Somebody.**   Algo. **Something.**
Algún lugar. **Somewhere.**

Hay alguien en el jardín. There's **somebody** in the garden.
Tiene algo en su mano. He has **something** in his hand.
Él está en algún lugar. He's **somewhere.**

Estas palabras con **any** se usan en oraciones interrogativas y negativas.

Alguien. **Anybody.**   Algo. **Anything.**   Algún lugar. **Anywhere.**

¿Hay alguien en el jardín? Is there **anybody** in the garden?
¿Tiene algo en la mano? Does he have **anything** in his hand?
¿Está él en algún lugar? Is he **anywhere**?
No hay nadie. There isn't **anybody.**
No tiene nada. He doesn't have **anything.**
No está en ningún lugar. He isn't **anywhere.**

Estas palabras con **no** tienen significado negativo, pero se usan con el verbo en afirmativo:

Nadie. **Nobody.**   Nada. **Nothing.**   En ningún lugar. **Nowhere.**

No hay nadie. There's **nobody.**
No hay nada. There's **nothing.**
No está en ningún lugar. He's **nowhere.**

Como habrás podido ver, hay dos maneras de decir las oraciones negativos. Si usas las combinaciones con **any**, el verbo va en negativo:

No hay nadie. There isn't **anybody.**

Si usas las combinaciones con **no**, el verbo va en afirmativo.

No hay nadie. There's nobody.

Escribe estas oraciones en inglés:

Hay alguien en el jardín. 1. _____

¿Tiene algo en la mano? 2. _____

No tiene nada. 3. _____

No hay nadie. 4. _____

No está en ningún lugar. 5. _____

Key UNIT 131: 1. There's somebody in the garden 2. Does he have anything in his hand? 3. He doesn't have anything. 4. There's nobody. O también, there isn't anybody 5. He's nowhere. O también: He isn't anywhere

UNIDAD 132 · TODOS HABLAN
UNIT 132 · EVERYBODY'S TALKING

La palabra **every** quiere decir *todos* o *todas*, y se usa con un sustantivo y un verbo en singular en oraciones afirmativas, negativas e interrogativas.

Trabajo todos los días. I work every day.

Todos los estudiantes tienen una computadora.
Every student has a computer.

Puedes formar frases que expresen frecuencia con
day, week, month, year, etc.:

Voy a la playa todos los veranos. I go to the beach every summer.

Él enseña todos los días. He teaches every day.

¿Viajan todos los meses? Do they travel every month?

No salgo todas las tardes. I don't go out every evening.

Se puede combinar de esta forma:

Todos. **Everybody.** O también: **Everyone.**

Todos están contentos. **Everybody's** happy.
Todas lo compraron. **Everyone** bought it.

Todo. **Everything.**

¿Tienes todo lo que necesitas? Do you have **everything** you need?

En todas partes. **Everywhere.**

Lo veo en todas partes. I see him **everywhere.**

Escribe estas oraciones en inglés:

Todos están contentos. 1. _____

No hablé con todos. 2. _____

¿Terminaste todo? 3. _____

Llueve en todas partes. 4. _____

Lo veo en todas partes. 5. _____

Key UNIT 132: 1. Everybody's happy 2. I didn't talk to everybody 3. Did you finish everything? 4. It rains everywhere 5. I see him everywhere

---

UNIDAD 133 · SOLÍA PASARLO BIEN
UNIT 133 · I USED TO HAVE FUN

Cuando quieres hablar sobre hábitos que tenías en el pasado puedes usar el auxiliar **used to**, que significa *solía*.

Cuando tenía 22 años,
solía andar en moto.

When I was 22,
I **used** to ride a motorcycle.

Cuando estaba casado,
solía visitar a mis suegros.

When I was married,
I **used** to visit my parents in-law.

Cuando recién me había divorciado, solía pasear a mi perro.

When I had just divorced, I **used** to walk my dog.

Para hacer preguntas y negaciones, usas el auxiliar **did** o **didn't** y el verbo en infinitivo.

¿Solías andar en moto? **Did you use** to ride your motorcycle?
Yo no solía pasear a mi perro. I **didn't use** to walk my dog.

Forma oraciones sobre hábitos usando las siguientes frases:

Ride my motorcycle. 1. I _____

Visit my parents in-law. 2. _____

Walk my dog. 3. _____

Play soccer very well. 4. _____

Go out every Saturday night. 5. _____

Key UNIT 133: 1. I used to ride my motorcycle 2. I used to visit my parents in-law 3. I used to walk my dog 4. I used to play soccer very well. 5. I used to go out every Saturday night

---

UNIDAD 134 · YA HABÍA ESTADO ALLÍ
UNIT 134 · I HAD BEEN THERE

El pasado perfecto se usa cuando estás hablando de una acción pasada que terminó antes de un momento especial en el pasado:

Ella había hablado. She **had talked**.

Yo ya había hablado con ella ese día.
I **had already talked** to her that day.

O que terminó antes de otra acción pasada:

Yo me había ido. I **had left**.

Yo me había ido cuando ella llegó. I **had left** when she arrived.

Este tiempo se forma con el auxiliar **had** más un participio:

Había ido. **Had left.**
Había terminado. **Had finished.**
Había hablado. **Had talked.**

Se puede usar con la palabra **already**, que significa ya:

Greg ya había terminado. Greg had **already** finished.

Y también con frases que comiencen con **when**:

Greg ya había terminado cuando ella llamó.
Greg had already finished **when** she called.

Escribe estas oraciones en inglés:

La película había comenzado. The movie 1. _____

Él ya había terminado. He 2. _____

La película había empezado cuando él llegó.
The movie 3. _____ when he 4. _____

Yo ya me había ido cuando ella llamó.
I 5. _____ when she 6. _____

Nosotros ya habíamos terminado. We 7. _____

Key UNIT 134: 1. had started. 2. had already finished. 3. had already started 4. arrived
5. had already left 6. called 7. had already finished

UNIDAD 135 · EL TIEMPO ES DINERO
UNIT 135 · TIME IS MONEY

Estudiemos este vocabulario que está relacionado con
el momento en que suceden las acciones:

Temprano. **Early.**   Tarde. **Late.**   Puntualmente. **On time.**

Hoy me levanté temprano,   Today I got up early,
para llegar al trabajo puntualmente. to get to work on time.

Pero mi auto se rompió.	But my car broke down.
Y llegué tarde al trabajo.	And I got to work late.
Desde...hasta. From ... to.	Hasta: Until.
Generalmente trabajo de 9 a 5.	I generally work from 9 to 5.
Pero hoy trabajé hasta las 7.	But today I worked until 7.
Antes. Before.	Después. After.
Fuí al supermercado después del trabajo.	I went to the supermarket after work.
Y miré televisión antes de irme a dormir	And watched TV before going to bed

Completa con la preposición adecuada:

I got up 1._____ , to get to work 2. _____

But today I got to work 3. _____

I generally work 4._____ nine 5. _____ five,

but today I worked 6._____ seven.

I went to the supermarket 7._____work,

and watched TV 8._____ going to bed.

Key UNIT 135: 1. early 2. on time 3. late 4. from 5. to 6. until 7. after 8. before

UNIDAD 136 · EXTRAÑOS EN LA NOCHE
UNIT 136 · STRANGERS IN THE NIGHT

Para indicar el lugar donde algo se encuentra, podemos usar las preposiciones **in** o **at**, que quieren decir *en*.

Cuando algo o alguien se encuentra en un lugar cerrado o con algún tipo de límites se usa **in**:

En mi cuarto. **In** my bedroom.

En el parque. In the park.
En Boston. In Boston.

También se usa in en estos casos:
En el diario. In the newspaper.
En un libro. In a book.
En la cama. In bed.
En el hospital. In the hospital.
En el mundo. In the world.
En el cielo. In the sky.

Cuando alguien o algo se encuentra cerca de un punto de referencia, se usa **at**:
En la entrada. At the entrance.
En el semáforo. At the traffic lights.
En la parada de autobús. At the bus stop.

También se usa en estos casos:

En mi casa. At home
En el trabajo. At work
En la escuela. At school
En el consultorio del médico. At the doctor's.
En lo de John. At John's.
En un concierto. At a concert.
En un partido de fútbol. At a soccer match.

Completa la frase con la preposición correcta:

Home. 1._____ home.
Bed. 2._____ bed.
Bus stop. 3._____ the bus stop.
World. 4._____ the world.
Soccer match. 5._____ a soccer match.

Key UNIT 136: 1. At 2. In 3. At 4. In 5. At

UNIDAD 137 · HABRÁ UNA FIESTA
UNIT 137 · THERE'LL BE A PARTY

Estudiemos cómo usar el verbo haber en otros tiempos verbales.

El pasado de **there is** es **there was**,
que quiere decir *hubo* o *había*:

Había mucho tránsito. There was a lot of traffic.
Hubo un accidente. There was an accident.
¿Hubo un accidente? Was there an accident?

El pasado de **there are** es **there were**,
que quiere decir *hubo* o *había*:

Había muchos autos. There were a lot of cars.
Hubo muchos problemas. There were many problems.
¿Hubo muchos problemas? Were there many problems?

Para hablar en futuro debes decir **there will be**, que
quiere decir *habrá*. Puede contraerse como **There'll be**.

Habrá una fiesta mañana. There'll be a party tomorrow.
Habrá mucha gente. There'll be a lot of people.
Will there be a lot of people? Will there be a lot of people?

Transforma estas oraciones en pasado:

There's an accident. 1. _____

There are two accidents. 2. _____

Escribe estas oraciones en futuro:

There's a party. 3. _____

There are a lot of people. 4. _____

Key UNIT 137: 1. There was an accident 2. There were two accidents
3. There'll be a party 4. There'll be a lot of people

UNIDAD 138 · ¡VEN CON NOSOTROS!
UNIT 138 · COME WITH US!

Cuando alguien te invita a un lugar, puede decirte:

Vamos a ver un partido de béisbol mañana.
We're going to watch a baseball game tomorrow.
¿Te gustaría venir? Would you like to come?
¿Por qué no vienes? Why don't you join us?
¿Qué te parece si vienes con nosotros?
How about coming along with us?

Si la idea te agrada, podrás contestar:

Me encantaría. I'd love to.
¡Qué buena idea! That's a great idea!
¡Me parece fantástico! Sounds great!
¡Parece muy divertido! Sounds like a lot of fun!

Si no puedes o no te interesa demasiado, puedes contestar:

Gracias, pero estoy muy cansado. Thank you, but I'm very tired.
Gracias, pero no entiendo el béisbol.
Thank you, but I don't really understand baseball.

Pueden insistir:

Lo digo en serio. I really mean it.   ¡Insisto! I insist!
Lo disfrutarás. You'll enjoy it.   Te encantará. You'll love it.

Haz estas invitaciones en inglés:

¿Te gustaría venir al partido? 1. _____

¿Por qué no vienes? 2. _____

Lo digo en serio. 3. _____

¡Me parece fantástico! 4. _____

Key UNIT 138: 1. Would you like to come to and see the game with us?
2. Why don't you join us? 3. I really mean it. 4. Sounds great!

UNIDAD 139 · ¿TÚ TAMBIÉN?
UNIT 139 · YOU TOO?

Para expresar que estás de acuerdo con alguien, puedes usar las palabras **too,** que significa *también* cuando la oración es afirmativa y si la oración es negativa, se usa **either** que quiere decir *tampoco*:

Si la oración tiene el verbo **to be**, debes repetirlo.
También puedes decir **Me too.**

Estoy entusiasmada.	I'm excited.
Yo también.	**I'm** excited too.
	Me too.
No estoy nervioso.	I'm not nervous.
Yo tampoco.	**I am not** nervous either.
	Me either.
Viajo mañana	I'm traveling tomorrow.
Yo también.	**I am** too.
	Me too.
No saldré hoy	I'm not going out today.
Yo tampoco.	**I'm** not either.
	Me either.

Si la oración tiene otros verbos, debes usar el auxiliar del tiempo que corresponda. También puedes decir **Me too.**

Ella se siente muy bien.	She feels great.
Yo también.	**I do** too.
	Me too.
Ellos fueron al cine.	They went to the movies.
Yo también.	**I did** too.
	Me too.

No se siente muy bien	He doesn't feel very well.
Yo tampoco.	**I don't either.**
	Me either
No fuimos a la fiesta	We didn't go to the party.
Yo tampoco.	**I didn't either.**
	Me either.

Expresa acuerdo con las siguiente frases:

I'm happy. 1. _____

She doesn't feel well. 2. _____

I'm going out. 3. _____

They're excited. 4. _____

He's not traveling. 5. _____

Key UNIT 139: 1. I am too. Me too. 2. I don't either. Me either.
3. I am too. Me too 4. I am too. Me too 5. I'm not either. Me either.

UNIDAD 140 · ME LEVANTÉ A LAS 9
UNIT 140 · I GOT UP AT 9

En inglés, muchos verbos se unen con palabras como **in, on, up, off,** y forman frases verbales. Fíjate en estos ejemplos:

Despertarse. **Wake up.**

Encender. **Turn on.**

Levantarse. **Get up.**

Ponerse. **Put on.**

Subir. **Get on.**

Sacarse. **Take off.**

Sentarse. **Sit down.**

Lee estas oraciones.

Sarah se despertó a las 7. Sarah **woke up** at 7.

Encendió las luces. **Turned on** the lights.

Y se levantó. And **got up**.

Después del desayuno se puso su abrigo.
After breakfast, she **put on** her coat.

Y se subió al autobús. And **got on** the bus.

Cuando llegó a la oficina, se sacó el abrigo
. When she got to the office, she **took off** her coat.

Y se sentó a trabajar. And **sat down** to work.

Recuerda qué frase verbal corresponde a estos significados.

Despertarse. 1. _____

Encender. 2. _____   Subir. 5. _____

Levantarse. 3. _____   Sacarse. 6. _____

Ponerse. 4. _____   Sentarse. 7. _____

Key UNIT 140: 1. Wake up. 2. Turn on 3. Get up 4. Put on 5. Get on 6. Take off 7. Sit down

UNIDAD 141 · HOY NO ESTOY DE HUMOR
UNIT 141 · I'M NOT IN A GOOD MOOD

Lee las preguntas que puedes hacerle a alguien que piensas que tiene un problema:

¿Pasa algo malo? Is anything wrong?
¿Qué anda mal? What's wrong?
¿Qué pasa? What's the matter?

Las repuestas pueden ser:
Nada. Nothing.
No te preocupes. Don't worry.
No tiene importancia. Never mind.

O pueden darte explicaciones:

Perdí a mi perro. It's just that I lost my dog.
Perdí mi celular. I lost my cell phone.
Discutí con mi jefe. I had an argument with my boss.

Para reaccionar ante una mala noticia, puedes decir:

¡Lo lamento! I'm sorry to hear that!
¡Qué mala suerte! That's too bad!
Bueno, tómalo con calma. Well, take it easy.

Escribe estas frases en inglés:

¿Pasa algo malo? 1. _____

No te preocupes. 2. _____

Perdí a mi perro. 3. _____

Lo lamento. 4. _____

Tómalo con calma. 5. _____

No tiene importancia. 6. _____

Key UNIT 141: 1. Is anything wrong?   2. Don't worry 3. I lost my dog
4. I'm sorry to hear that 5. Take it easy 6. Never mind

UNIDAD 142 · ¡HÁBLAME!
UNIT 142 · TALK TO ME!

Algunos verbos muy comunes van siempre
acompañados de una preposición específica.

Imagina que estás mirando una película
romántica y la mujer le dice al hombre:

Mírame: **Look at me!**   ¡Háblame! **Talk to me!**
Escúchame! **Listen to me!**   Piensa en mí. **Think about me!**
Tú me perteneces! **You belong to me!**

El hombre le contesta:

¡Espérame! **Wait for me!**   ¡Cree en mí! **Believe in me!**

¡Cuenta conmigo! **Count on me!**

¡Sueña conmigo! **Dream about me!**

Hay adjetivos que también van seguidos de una preposición:

Le tengo miedo al futuro. I'm afraid **of** the future.

Estoy harto de ti. I'm fed up **with** you.

Es muy amable de tu parte. It's very kind **of** you!

Completa con la palabra adecuada:

¡Mírame!. Look 1._____ me!

¡Escúchame! Listen 2. _____ me!

¡Espérame! Wait 3._____me!

¡Cuenta conmigo!. Count 4. _____ me!

¡Sueña conmigo! Dream 5._____me!

Le tengo miedo al futuro. I'm afraid 6. _____ the future.

Estoy harta de ti. I'm fed up 7. _____ you.

Key UNIT 142: 1.at 2. to 3. for 4. on 5. about 6. of 7. with

UNIDAD 143 · ¿POR QUÉ FUISTE A LA FARMACIA?
UNIT 143 · WHY DID YOU GO TO THE PHARMACY?

Para expresar el propósito de alguna acción,
usas el infinitivo de esta manera:

Fui al correo a enviar un paquete.
I went to the post office to **send** a package.

Fui al centro comercial a comprar un regalo.
I went to the shopping mall to **buy** a present.

Fui al supermercado a comprar carne.
I went to the supermarket to buy some meat.

Fui a la farmacia a comprar medicinas
I went to the pharmacy to buy some medicine.

Puedes hacer esta pregunta:

¿Para qué fuiste al *drugstore?*
Why did you go to the drugstore?

¿Para qué fuiste a la panadería?
Why did you go to the bakery?

¿Para qué fuiste a la tintorería?
Why did you go to the dry-cleaner's?

Y contestar de esta manera:

Para comprar chocolate. To buy some chocolate.
Para comprar pan. To buy some bread.
Para retirar mi blusa. To pick up my blouse.

Contesta estas preguntas usando el infinitivo:

Why did you go to the pharmacy? 1. _____ some medicines.

Why did you go to the bakery? 2. _____ some donuts.

Why did you go to the dry-cleaner's? 3. _____ my blouse.

Why did you go to the supermarket? 4. _____ some meat.

Why did you go to the library? 5. _____ a book.

Key UNIT 143: 1. To buy 2. To buy 3. To pick up 4. To buy 5. To pick up

UNIDAD 144 · ADIÓS Y BUENA SUERTE
UNIT 144 · GOODBYE AND GOOD LUCK

Cuando te despides de alguien puedes usar
estas frases con el verbo **have:**

Que tengas un buen fin de semana. **Have** a nice weekend.
Que tengas un buen viaje. **Have** a good trip.
Que tengas unas buenas vacaciones. **Have** a good vacation.

Con el verbo **see:**

Te veo pronto. **See** you soon.
Te veo en una semana. **See** you in a week.
Te veo mañana. **See** you tomorrow.

También con el verbo **hope.**

Espero verte pronto. I **hope** to see you soon.
Espero que tengas un buen viaje. I **hope** you have a good trip.
Esperamos que vuelvas pronto. We **hope** you'll come back soon.
Espero que te hayas divertido. I **hope** you had fun.
Espero que lo hayas disfrutado. I **hope** you enjoyed it.

Y también puedes decir:
Te extrañaremos. **We'll miss you.**

Expresa estos deseos en inglés:

Que tengas un buen viaje. 1. _____

Te veo pronto. 2. _____

Esperamos que te hayas divertido. 3. _____

Esperamos que vuelvas pronto. 4. _____

Te extrañaremos. 5. _____

Key **UNIT 144:** 1. Have a good trip   2. See you soon   3. We hope you had fun
4. We hope you'll come back soon   5. We'll miss you

GLOSARIO
ESPAÑOL - INGLÉS

A

A la moda. Fashionable (fǽshenebel).

A la moda. Trendy (tréndi).

A menudo. Often (á:ften).

¿A qué distancia? How far (jáu fa:r).

A través, en frente de. Across (ekrá:s).

A través. Through (zru:).

A veces. Sometimes (sámtaimz).

A, en. At (æt).

A. M. (antes del mediodía). A.M. (éi em).

Abajo. Down (dáun).

Abandonar los estudios. Drop out (dra:p áut).

Abeja. Bee (bi:).

Abogado. Attorney (eté:rnei).

Abogado. Lawyer (la:ye:r).

Abrigo. Coat (kóut).

Abril. April (éipril).

Abrir una llave de paso. Turn on (te:rn a:n)

Abrir. Open (óupen).

Absolución. Acquittal (ekwí:tel).

Absolutamente. Absolutely (æbselú:tli).

Abuela. Grandmother (grændmá:de:r).

Abuelo. Grandfather (grændfá:de:r).

Abuelos. Grandparents (grændpérents).

Aburrido. Boring (bo:ring).

Acabarse. Run out of (ran áut ev).

Aceite. Oil (óil).

Acelerador. Accelerator (akséle:reire:r).

Acelerar. Speed up (spi:d ap).

Aceptar. Accept (eksépt).

Aceptar. Give up (giv ap).

Acerca de. About (ebáut).

Aclarar dudas. Clear up (klíe:r ap).

Aclarar. Clear (klíe:r).

Acompañar a alguien hasta la puerta. See out (si: áut).

Acompañar. Come along (kam elá:ng).

Acortar. Shorten (sho:rten).

Acostarse. Lie down (lái dáun).

Actor. Actor (ǽkte:r).

Actuar. Act (ækt).

Acuerdo. Agreement (egrí:ment).

Acusación. Charge (cha:rsh).

Acusado. Defendant (diféndent).

Aderezo. Dressing (drésing).

Adiós. Bye (bái).

Adivinanza. Brainteaser (bréinti:ze:r).

Adivinanza. Riddle (rídel).

Adivinar. Guess (ges).

Admirar. Look up to (luk ap tu:).

Aduana. Customs (kástems).

Aeropuerto. Airport (érport).

Afectuoso. Affectionate (efékshenet).

Afortunado. Lucky (láki).

Afuera. Out (áut).

Afuera. Outside (autsáid).

Agencia de turismo. Travel agency (trǽvel éishensi).

Agencia. Agency (éishensi).

Agente de turismo. Travel agent (trǽvel éishent).

Agosto. August (o:gast).

Agradable. Nice (náis).

Agregar. Add (æd).

Agresivo. Aggressive (egrésiv).

Agua mineral. Bottled water (ba:rl wá:re:r)

Agua. Water (wá:re:r).

Águila. Eagle (i:gel).

Agujero. Hole (jóul).

Ahora mismo. Right now (ráit náu).

Ahorrar. Save (séiv).

Aire. Air (er).

Ajedrez. Chess (chess).

Ají picante. Chili (chili).

Ajo. Garlic (ga:rlik).

Ajustarse. Fasten (fǽsen).

Ajuste. Adjustment (edshástment).

Al lado de. Next to (neks te).

Aladeltismo. Hang gliding (jængláiding).

Alambre. Wire(wáir).

Albahaca. Basil (béisil).

Albañil. Bricklayer (brikléie:r)

Alcalde. Mayor (méie:r).

Alcohol. Alcohol (ǽlkeja:l).

Alegre. Cheerful (chirfel).

Alegre. Light-hearted (láit ja:rid).

Alergia. Allergy (ǽle:rshi).

Alfabeto. Alphabet (ǽlfebet).

Alfombra pequeña. Rug (rág).

Alfombra. Carpet (ká:rpet).

Algo. Something (sámzing).

Alguien. Anybody (éniba:di). Nadie

Alguien. Somebody (sámba:di).

Alguien. Someone (sámuen).

Alguna vez. Ever (éve:r).

Aliento. Breath (brez).

Alimentar. Feed (fi:d).

Aliviado. Relieved (rili:vd).

Allá, allí. There (der).

Almendra. Almond (á:lmend).

Almohada. Pillow (pílou).

Almohadón. Cushion (kúshen).

Alpinismo. Mountaineering (maunteníring).

Alquilar. Hire (jáir).

Alrededor. Around (eráund).

Alto. High (jái).

Alto. Tall (ta:l).

Ama de llaves. Housekeeper (jáuz ki:pe:r).

Amable. Kind (káind).

Amante. Lover (lave:r)

Amar. Love (lav).

Amarillo. Yellow (yélou).

Ambicioso. Ambitious (æmbíshes)

Ambos. Both (bóuz).

Amenaza. Threat (zret).

Amiga. Girlfriend (gé:rlfrend).

Amigarse con alguien. Make up with (meik ap wid).

Amigo. Buddy (bári).

Amigo. Friend (frend).

Amistad. Friendship (fréndship).

Amor. Love (lav).

Anaranjado. Orange (á:rinsh).

Anchoa. Anchovy (ǽnchevi).

Andamio. Scaffold (skǽfeld).

Andar en bicicleta o a caballo. Ride (ráid).

Anfitrión. Host (jóust).

Anguila. Eel (i:l).

Anillo. Ring (ring).

Animal. Animal (ǽnimel).

Ansioso. Anxious (ǽnkshes).

Antebrazo. Forearm (fo:ra:rm).

Antecedentes. Background (bækgraund).

Antena satelital. Satellite dish (sǽtelait dish).

Anteojos de sol. Sunglasses (sánglæsiz).

Anteojos. Glasses (glǽsiz).

Antes. Before (bifo:r).

Antibiótico. Antibiotic (æntibaiá:rik).

Anticipo. Down payment (dáun péiment).

Antipático. Unfriendly (anfréndli).

Antipático. Unpleasant (anplésent).

Año Nuevo. New Year (nu: yir).

Año. Year (yir).

Apagar algo encendido. Put out (put áut).

Apagar. Turn off (te:rn a:f).

Aparcar. Park (pa:rk).

Apartamento. Apartment (apa:rtment).

Apelación. Appeal (epí:l).

Apellido. Last name (læst néim).

Apio. Celery (séleri).

Aplaudir. Clap (klæp).

Apoyar a alguien. Stand by (stænd).

Apoyar en el piso. Put down (put dáun).

Apoyar. Back up (bæk ap).

Apoyo. Support (sepo:rt).

Aprender. Learn (le:rn).

Aprobación. Approval (eprú:vel).

Aprobar. Pass (pæs).

Aquí mismo. Right here (ráit jir).

Aquí, acá. Here (jir).

Arenque. Herring (jéring).

Arma. Gun (gan).

Arma. Weapon (wépen).

Armonía. Harmony (já:rmeni).

Arquitecto. Architect (á:rkitekt).

Arreglar un lugar. Spruce up. (spru:s ap).

Arreglarse una persona. Spruce up (spru:s ap).

Arreglárselas. Get by (get bái).

Arriba de. Above (ebáv).

Arriba. Up (ap).

Arrogante. Arrogant (æregent).

Arroz. Rice (ráis).

Arruinar. Screw up (skru: ap).

Artefacto para el hogar. Home appliances (jóum epláiens).

Artes marciales. Martial arts (má:rshel a:rts)

Artesanía. Craft (kræft).

Artículos de tocador. Toiletries (tóiletri:z)

Artista. Artist (á:rist).

Arveja. Pea (pi:).

Asaltante. Mugger (máge:r).

Asaltar. Mug (mag).

Ascensor. Elevator (éleveire:r).

Asesinar. Murder (mé:rde:r).

Asesinato. Murder (mé:rde:r).

Asesino. Killer (kile:r).

Asesino. Murderer (mé:rdere:r).

Asesor. Consultant (kensáltent).

Asesor. Counselor (káunsele:r).

Así, de esta manera. So (sóu).

Asiento. Seat (si:t).

Asistente personal. Personal assistant (pé:rsenel asístent).

Asistente. Assistant (esístent).

Aspiradora. Vacuum cleaner (vækyu:m kli:ne:r).

Aspirina. Aspirin (æspirin).

Asunto. Subject (sábshekt).

Asustado. Frightened (fráitend).

Ataque. Assault (aso:lt).

Ataque. Attack (etæk).

Atención. Attention (eténshen).

Aterrorizado. Terrified (térefaid).

Atornillar. Screw (skru:).

Atracción. Attraction (ete:rni).

Atrapar. Catch (kæch).

Atrás, espalda. Back (bæk).

Atrás. Ago (egóu).

Atrasarse. Fall behind (fa:l bijáind).

Atravesar una situación difícil con éxito. Come through (kam zru:).

Atropellar. Run over (ran óuve:r).
Atún. Tuna (tu:ne).
Audición. Hearing (jiring).
Audiencia. Hearing (jiring).
Aumentar. Build up (bild ap).
Aumentar. Go up (góu ap).
Aumentar. Increase (inkrí:s).
Aumentar. Put on (put a:n).
Aumento. Increase (ínkri:s).
Aún. Still (stil).
Aún. Yet (yet).
Autobús. Bus (bas).
Automóvil. Car (ka:r).
Automovilismo. Car racing (ka:r réising).

Avión. Plane (pléin).
Aviso clasificado. Classified ad (klǽsifaid ǽd).
Aviso publicitario. Advertisement (ǽdve:rtáizment).
Aviso publicitario. Commercial (kemé:rshel).
Avisos publicitarios. Ad (ǽd).
Ayer. Yesterday (yésterdei).
Ayuda. Help (jelp).
Ayudar. Help (jelp).
Ayudar. Help out (jélp áut).
Azafata. Flight attendant (fláit aténdent).
Azafrán. Saffron (sǽren).
Azúcar. Sugar (shúge:r).
Azul marino. Navy blue (néivi blu:).
Azul. Blue(blu:).

Autopista con peaje. Turnpike (té:rnpaik).
Autopista. Freeway (frí:wei).
Autopista. Highway (jáiwei).
Autoridad. Authority (ezo:riti).
Autoritario. Bossy (ba:si).
Auxiliar del presente simple. Do (du:).
Auxiliar del presente simple. Does (dáz).
Auxiliar para el futuro. Will (wil).
Auxiliar para el pasado simple. Did (did).
Auxiliar para ofrecer o invitar. Would (wud).
Avellana. Hazelnut (jéizelnat).
Avenida. Avenue (ǽvenu:).
Aventura . Adventure (edvénche:r).
Avergonzado. Ashamed (eshéimd).

B

Bacalao. Cod (ka:d).
Bahía. Bay (béi).
Bailar. Dance (dǽns).
Baile. Dancing (dǽnsing).
Bajar archivos. Download (dáunloud).
Bajar de un transporte público. Get off (get a:f).
Bajar. Put down (put dáun).
Bajo contenido graso. Low-fat (lóu fǽt).
Bajo. Low (lóu).
Bajo. Short (sho:rt).
Balanza. Scale (skéil).

Balcón terraza. Deck (dek).

Balcón. Balcony (bælkeni).

Bancarrota. Bankrupt (bænkrept).

Banco. Bank (bænk).

Banda ancha de Internet. Broadband (bro:dbænd)

Banda autoadhesiva protectora. Band aid (bænd éid).

Banqueta. Stool (stu:l).

Bañarse. Bathe (béid).

Bañera. Bathtub (bǽztab).

Bañera. Tub (tab).

Barato. Inexpensive (inekspénsiv).

Barba. Beard (bird).

Barbacoa. Barbecue (ba:rbikyu:).

Barco. Ship (ship).

Barrer. Sweep (swi:p).

Barril. Barrel (bǽrel).

Base de datos. Database (déirebéis).

Basquetbol. Basketball (bǽsketbol).

Bastante. Quite (kuáit).

Batata. Sweet potato (swi:t petéirou).

Batería. Battery (bǽreri).

Batir. Beat (bi:t).

Batir. Whip (wip).

Beber un líquido para bajar la comida. Wash down (wa:sh dáun).

Beber. Drink (drink).

Bebida sin alcohol. Soft drink (sa:ft drink).

Bebida. Beverage (bévrish).

Bebida. Drink (drink).

Béisbol. Baseball (béisba:l).

Besar. Kiss (kis).

Bicicleta. Bicycle (báisikel).

Bien cocida. Well done (wel dan).

Bien. Fine (fáin).

Bien. Well (wel).

Bienvenido. Welcome (wélcam).

Bigote. Moustache (mástæsh).

Billar Americano. Pool (pu:l).

Billete. Bill (bil).

Billón (mil millones). Billion (bílien).

Biografías. Biography (baia:grefi).

Blanco. White (wáit).

Blusa. Blouse (bláus).

Boca. Mouth (máuz).

Bolígrafo. Pen (pen).

Bolos. Bowling (bóuling).

Bolso, bolsa. Bag (bæg).

Bombero. Fireman (fáirmen).

Bombero. Fireperson (fáirpe:rsen).

Bonito. Pretty (príri).

Bordado. Embroidery (imbróideri).

Borde. Edge (esh).

Bostezar. Yawn (ya:n).

Bota. Boot (bu:t).

Bote. Boat (bóut).

Botella. Bottle (ba:rl).

Botón. Button (bárn).

Boxeo. Boxing (ba:ksing).

Brazo. Arm (a:rm).

Brillar. Shine (sháin).

Brisa. Breeze (bri:z).

Bronce. Brass (bræs).

Buceo. Diving (dáiving).

Bueno. Good (gud).

Búfalo. Buffalo (báfelou).

Bufanda . Scarf (ska:rf).

Bufet. Buffet (beféi).

Buscar en un diccionario. Look up (luk ap).

Buscar. Look for (luk fo:r).

Buscar. Look for (luk fo:r).

Buscar. Search (se:rch).

C

Caballo. Horse (jo:rs).

Cabeza. Head (jed).

Cable. Cable (kéibel).

Cabra. Goat (góut).

Cadera. Hip (jip).

Caer. Fall (fa:l).

Caerse de un lugar. Fall out (fa:l áut).

Café descafeinado. Decaffeinated coffee (dikæfineirid ká:fi).

Café. Coffee (ka:fi).

Cafetería. Coffee store (ká:fi sto:r).

Caída. Fall (fa:l).

Caja de cambios. Gear box (gir bá:ks).

Caja de seguridad. Safe (séif).

Caja. Box (ba:ks).

Cajero automático. A.T.M (ei ti: em).

Cajero. Cashier (kæshír).

Cajón. Crate (kréit).

Calabaza. Pumpkin (pá:mpkin).

Calamar. Squid (skwíd).

Calcetines. Socks (sa:ks).

Calcular (una cantidad). Work out (we:rk áut).

Calentar algo. Warm up (wa:rm ap).

Calentar un alimento o una bebida. Heat up (ji:t ap).

Calentar. Heat (ji:t).

Calentar. Warm (wa:rm).

Cálido. Warm (wa:rm).

Caliente. Hot (ja:t).

Callarse. Shut up (shat ap).

Calle. Street (stri:t).

Calmar. Calm (ka:lm).

Calmar. Calm down (ka:lm dáun).

Calmarse. Settle down (sérl dáun).

Calor. Heat (ji:t).

Caluroso. Hot (ja:t).

Calvo. Bald (ba:ld).

Cama. Bed (bed).

Camarón. Shrimp (shrimp).

Cambiar. Change (chéinsh).

Cambio de dinero. Exchange (ikschéinsh).

Cambio. Change (chéinsh).

Caminar. Walk (wa:k).

Camino. Road (róud).

Camino. Way (wéi).

Camión. Truck (trak).

Camionero. Truck driver (trak dráive:r).

Camisa. Shirt (shé:rt).

Camiseta. T -shirt (ti: shé:rt).

Campaña. Campaign (kempéin).

Campo. Field (fi:ld).

Canasta. Basket (bæsket).

Cancelar. Call off (ka:l a:f).

Canción. Song (sa:ng).

Candidato. Candidate (kændideit).

Canela. Cinnamon (sínemen).

Cangrejo. Crab (kræb).

Canotaje. Canoeing (kenú:ing).

Cansado. Tired (taie:rd).

Cansador. Tiring (táiring).

Cantante. Singer (sínge:r).

Cantar. Sing (sing).

Cantidad. Amount (emáunt).

Capataz. Foreman (fó:rmen).

Capaz. Able (éibel).

Capot. Hood (ju:d).

Cara. Face (féis).

Caracol. Snail (snéil).

Carbón. Coal (kóul).

Carne vacuna. Beef (bi:f).

Carne. Meat (mi:t).

Carnicero. Butcher (bútche:r).

Caro. Expensive (ikspénsiv).

Carpintero. Carpenter (ka:rpente:r).

Carrera de caballos. Horse racing (jo:rs réising).

Carril de una autopista. Lane (léin).

Carta. Letter (lére:r).

Cartelera. Board (bo:rd).

Cartero. Mailman (méilmen).

Cartero. Postman (póustmen).

Casa. House (jáuz).

Casado. Married (mérid).

Casarse. Get married (get mérid).

Casero. Homemade (jóumméid).

Caso. Case (kéis).

Castaña. Chestnut (chéstnat).

Castaño claro. Light brown (láit bráun).

Castaño. Brown (bráun).

Catorce. Fourteen (fo:rtí:n).

Causa. Cause (ka:z).

Caza. Hunting (jánting).

Cazador de huracanes. Hurricane hunter (hárikéin hánte:r).

Cebolla. Onion (á:nyon).

Ceder el paso. Yield (yild).

Ceja. Eyebrow (áibrau).

Celeste. Light blue (láit blu:).

Celoso. Jealous (shéles)

Cementerio. Cemetery (sémeteri).

Centímetro. Centimeter (séntimirer).

Centrado. Down-to-earth (dáun te érz).

Centro comercial. Shopping center (sha:ping séne:r).

Centro de la ciudad. Downtown (dáuntaun).

Cerámica. Pottery (pá:reri).

Cerca . Near (nir).

Cerdo. Pork (po:rk).

Cerdo. Pig (pig).

Cereza. Cherry (chéri).

Cero. Zero (zí:rou).

Cerrar (una llave de paso). Turn off (te:rn a:f).

Cerrar. Shut (shat).

Certificado. Certificate (se:rtífiket).

Cerveza. Beer (bir).

Césped. Grass (græs).

Césped. Lawn (la:n).

Chaleco. Vest (vest).

Chantajear. Blackmail (blǽlmeil).

Chantajista. Blackmailer (blǽkmeile:r).

Chaqueta. Jacket (shǽkit).

Chasquear los dedos. Snap (snæp).

Chauchas. String beans (string bi:ns).

Chef. Chef (shef).

Cheque. Check (chek).

Chequear. Check (chek).

Chequera. Checkbook (chékbuk).

Chicos/chicas, gente. Guy (gái).

Chiste, broma. Joke (shóuk).

Chupar. Suck (sak).

Ciberespacio. Cyberspace (sáibe:rspeis)

Ciego. Blind (bláind).

Cielo. Sky(skái).

Cien. Hundred (já:ndred).

Ciencia ficción. Science fiction (sáiens fíkshen).

Ciencia. Science (sáiens).

Cierre. Zip (zip).

Cinco centavos de dólar. Nickel (níkel).

Cinco. Five (fáiv).

Cincuenta. Fifty (fífti).

Cintura . Waist (wéist).

Cinturón. Belt (belt).

Ciruela. Plum (plam).

Cita a ciegas. Blind date (bláind déit).

Cita. Date (déit).

Ciudad natal. Hometown (jóumtaun).

Ciudad. City (síri).

Ciudadanía. Citizenship (sírisenship).

Ciudadano. Citizen (sírisen).

Clavo. Nail (néil).

Cliente. Customer (kásteme:r).

Clima. Climate (kláimit).

Coartada. Alibi (ǽlibai).

Cobrar. Collect (kelékt).

Cobre. Copper (ká:pe:r).

Cocción jugosa. Rare (rer).

Cocina. Cooker (kúke:r).

Cocina. Kitchen (kíchen).

Cocina. Stove (stóuv).

Cocinar a baño María. Poach (póuch).

Cocinar al horno. Roast (róust).

Cocinar con líquido. Braise (bréiz).

Cocinar con líquido. Simmer (síme:r).

Cocinar. Cook (kuk).

Cocinero. Cook (kuk).

Coco. Coconut (kóukenat).

Cocodrilo. Crocodile (krákedail).

Código de área. Area Code (érie kóud).

Código de país. Country code (kántri kóud).

Codo. Elbow (élbou).

Cola (de un animal). Tail (téil).

Colgar el teléfono. Hang up (jæng ap).

Colgar. Hang (jæng).

Colocar. Lay (léi).

Color. Color (kále:r).

Combinar. Go with (góu wid).

Combinar. Match (mæch).

Comedia. Sitcom (sítkam).

Comedor. Dining room (dáining ru:m).

Comenzar a agradar una persona o una idea. Warm up to (wa:rm ap tu:).

Comenzar a hacer algo seriamente. Get down to (get dáun tu:).

Comenzar sesión en un sitio de Internet. Log in (la:g in).

Comenzar sesión en un sitio de Internet. Log on (la:g a:n).

Comenzar un hobby. Take up (téik ap).

Comenzar. Begin (bigín).

Comenzar. Kick off (kik a:f).

Comenzar. Set in (set in).

Comenzar. Start (sta:rt).

Comer en un restaurante. Eat out (i:t áut).

Comer muy poco. Pick at (pik æt).

Comer todo. Eat up (i:t ap).

Comer. Eat (i:t).

Comida para llevar. Take-out food (téik áut fu:d).

Comida. Food (fud).

Comida. Meal (mi:l).

Como. As (ez).

Como. Like (láik).

¿Cómo? How (jáu).

Cómoda. Chest (chest).

Cómoda. Dresser (drése:r).

Comodidad. Comfort (kámfe:rt).

Cómodo. Comfortable (kámfe:rtebel).

Compañero de cuarto. Roommate (rú:mmeit).

Compañía. Company (kámpeni).

Comparación. Comparison (kempérisen).

Compensar. Make up for (méik ap fo:r).

Competencia. Competition (ká:mpetíshen).

Computación. Computing (kempyu:ring).

Computadora. Computer (kempyú:re:r).

Con. With (wid).

Conceder. Give in (giv in).

Concentrarse. Focus on (fóukes a:n).

Concierto. Concert (ká:nse:rt).

Concurrir. Attend (eténd).

Condición. Condition (kendíshen).

Conducir. Drive (dráiv).

Conductor de taxi. Taxi driver (tæksi dráive:r).

Conductor. Driver (dráive:r).

Conejo. Rabbit (ræbit).

Competición. Competition (ká:mpetishen).

Competitivo. Competitive (kempéririv).

Completar espacios en blanco. Fill in (fil in).

Completar por escrito. Fill out (fil áut).

Completar. Complete (kemplí:t).

Completar. Fill in (fil in).

Comportamiento. Behavior (bijéivye:r).

Comprador. Purchaser (pe:rché:ser).

Comprar algo hasta que se agote. Snap up (snæp ap).

Comprar. Buy (bái).

Comprar. Get (get).

Compras. Shopping (shá:ping).

Comprender. Figure out (fíge:r áut).

Comprensivo. Empathetic (empazérik).

Comprensivo. Sympathetic (simpezérik).

Conexión. Connection (kenékshen).

Confiable. Reliable (riláiebel).

Confundido. Confused (kenfyú:zd).

Confundir. Mix up (miks ap).

Congelado. Frozen (fróuzen).

Congelar. Freeze (fri:z).

Congreso. Congress (ká:ngres).

Conmocionado. Shocked (sha:kt).

Conocer a alguien. Know (nóu).

Conocer a alguien. Meet (mi:t).

Conocido. Acquaintance (ekwéintens).

Conseguir. Get (get).

Consejo. Advice(edváis).

Considerado. Considerate (kensídret).

Constitución. Constitution (ka:nstitu:shen).

Constructor. Builder (bílde:r).

Construir. Put up (put ap).

Contador. Accountant (ekáuntent).

Contaminación. Contamination (kenteminéishen).

Contar con. Count on (káunt a:n).

Contar. Count (káunt).

Contar. Spit out (spit áut).

Contener. Contain (kentéin).

Contento. Glad (glæd).

Contestar. Answer (ǽnser).

Continuar con algo hasta el final. See through (si: zru:).

Continuar. Go on (góu a:n).

Contraseña. Password (pǽswe:rd).

Contratar. Hire (jáir).

Contratista. Contractor (kentrǽ:kte:r).

Control remoto. Remote control (rimóut kentróul).

Control. Control (kentróul).

Controlador obsesivo. Control-freak (kentróul fri:k).

Controlar. Keep track of (ki:p træk ev).

Convencer a alguien de que haga algo. Talk into (ta:k intu:).

Convencer a alguien de que no haga algo. Talk out of (ta:k áut ev).

Conversación. Conversation (ka:nverséishen).

Conversación. Discussion (diskáshen).

Conversar. Talk (ta:k).

Convicto. Convict (ká:nvikt).

Convocar (para el ejército o un equipo deportivo). Call up (ka:l ap).

Coñac. Brandy (brǽndi).

Copia. Copy (ká:pi).

Copiar. Copy (ká:pi).

Corbata. Tie (tái).

Corcho. Cork (ka:rk).

Cordero. Lamb (læm).

Cordial. Friendly (fréndli).

Correcto. Right (ráit).

Correo basura. Spam (spæm).

Correo electrónico. E-mail (ímeil).

Correo. Mail (méil).

Correr. Run (ran).

Corriente. Current (ké:rent).

Cortar en cubos. Dice (dáis).

Cortar un servicio. Cut off (kat a:f).

Cortar. Cut (kat).

Corte. Court (ko:rt).

Cortés. Polite (peláit).

Cortina. Curtain (ké:rten).

Corto de vista. Short-sighted (sho:rt sáirid).

Corto. Short (sho:rt).

Cosa. Thing (zing).

Cosas por el estilo. Stuff (staf).

¿**Cuántos?** How many (jáu méni).

Cuarenta. Forty (fó:ri).

Cuarto de baño. Bathroom (bǽzrum).

Cuarto. Fourth (fo:rz).

Cuatro. Four (fo:r).

Cubrir. Cover (ká:ve:r).

Coser. Sew (sóu).

Cucaracha. Cockroach (ká:krouch).

Costar. Cost (ka:st).

Cuchillo. Knife (náif).

Costillitas. Rib (rib).

Cuello (de una prenda). Collar (kále:r).

Cráneo. Skull (skal).

Cuello. Neck (nek).

Creativo. Creative (kriéiriv).

Cuenta corriente. Current account

Crecer. Grow (gróu).

(ké:rent ekáunt).

Crecimiento. Growth (gróuz).

Cuenta de ahorros. Savings account

Crédito. Credit (krédit).

(séivingz ekáunt).

Crédulo. Gullible (gálibel).

Cuenta en un restaurante). Check (chek).

Creencia. Belief (bili:f).

Cuenta. Account (ekáunt).

Crema. Cream (kri:m).

Cuero. Leather (léde:r).

Criar. Bring up (bring ap).

Cuerpo. Body (ba:dy).

Criarse. Grow up (gróu ap).

Cuidado de la piel. Skin care (skín ker).

Cruce de calles. Intersection (íne:rsékshen).

Cuidado. Care (ker).

Cruce peatonal. Crosswalk (krá:swa:k).

Cuidar. Care for (ker fo:r).

Crucigrama. Crossword puzzle
(krá:swe:rd pázel).

Cruel. Cruel (krúel).

Cruel. Ruthless (ru:zles).

Cuadra. Block (bla:k).

Cuadrado. Square(skwér).

Cuadro. Picture (píkche:r).

Cuál ? Which (wích).

Cuándo? When (wen).

Cuántas veces?. How often? (jáu a:ften).

Cuidar. Look after (luk ǽfte:r).

Cuánto tiempo? How long (jáu la:ng).

Culpable. Guilty (gílti).

Cuánto? How much (jáu mach).

Cultura. Culture (ké:lche:r).

Cuántos años? How old? (jáu óuld).

Cumpleaños. Birthday (bérzdei).

Cuota. Installment (instá:lment).

Currículum vitae. Résumé (résyu:mei).

D

Dados. Dice (dáis).

Daño. Damage (dǽmish).

Dar importancia. Play up (pléi ap).

Dar la mano. Shake hands (shéik jændz).

Dar. Give (giv).

Dardos. Darts(da:rts).

Darse por vencido. Give up (giv ap).

De acuerdo. O.K. (óu kéi).

De ella. Hers (je:rz).

De hecho. In fact (in f ækt).

¿De quién? Whose (ju:z).

De, desde. From (fra:m).

De. Of (ev).

Debajo de. Below (bilóu).

Debajo. Under (ánde:r).

Deber (para dar consejos). Should (shud).

Deber, estar obligado a. Must (mast).

Decidido. Determined (dité:rmind).

Décimo. Tenth (tenz).

Decir. Say (séi).

Decir. Tell (tel).

Decisión. Decision (disíshen).

Declaración jurada. Affidavit (æfedéivit).

Declarar. Declare (diklé:r).

Decorar. Garnish (ga:rnish).

Dedo de la mano. Finger (fínge:r).

Dedo del pie. Toe (tóu).

Defensa. Defence (diféns).

Dejar a alguien en un lugar. Drop off (dra:p a:f).

Dejar de hacer. Give up (giv ap).

Dejar propina. Tip (tip).

Dejar. Leave (li:v).

Deletrear. Spell (spel).

Delfín. Dolphin (dá:lfin).

Delgado. Slim (slim).

Delicioso. Delicious (dilíshes).

Delincuentes. Criminals (kríminel).

Delito grave. Felony (féleni).

Delito. Crime (kráim).

Demandante. Plaintiff (pléintif).

Democracia. Democracy (dimá:kresi).

Democrático. Democratic (demekrǽrik).

Denegar. Deny (dinái).

Dentista. Dentist (déntist).

Dentro. Into (íntu:).

Depender. Depend (dipénd).

Deporte. Sport (spo:rt).

Depósito. Deposit (dipá:zit).

Depresión. Depression (dipréshen).

Deprimido. Depressed (diprést).

Derecha. Right (ráit).

Derecho. Law (la:).

Derecho. Straight (stréit).

Derecho. Straight-forward (stréit fó:rwe:rd).

Derretir. Melt (mélt).

Derribar. Knock down (na:k dáun).

Desalentado. Gloomy (glu:mi).

Desarrollar. Work out (we:rk áut).

Desarrollo. Development (divélopment).

Descansar. Relax (riláeks).

Descanso. Break (bréik).

Desconocido. Stranger (stréinshe:r).

Descubrimiento. Discovery (diská:veri).

Desde. Since (sins).

Desear. Desire (dizáir).

Desilusionado. Disappointed (disepóinted).

Desilusionar. Let down (let dáun).

Desmayarse. Pass out (pæs áut).

Desorden. Mess (mes).

Desordenado. Untidy (antáidi).

Desordenar. Mix up (miks ap).

Despedir del trabajo. Lay off (léi a:f).

Despreocupado. Carefree (kérfree).

Desprolijo. Shabby (shǽbi).

Después del mediodía. P.M (pi: em).

Después. After (ǽfte:r).

Destino. Destination (destinéishen).

Destornillador. Screw driver (skru: dráive:r).

Destrozar. Vandalize (vǽndelaiz.).

Destrucción. Destruction (distrákshen).

Destruir una construcción. Tear apart (ter epá:rt).

Destruir. Destroy (distrói).

Detalle. Detail (díteil).

Detrás. Behind (bijáind).

Deuda. Debt (dét).

Devolver dinero. Pay back (péi bæk).

Devolver un llamado. Call back (ka:l bæk).

Devolver. Give back (giv bæk).

Devolver. Return (rité:rn).

Día. Day (déi).

Diario personal en Internet. Blog (bla:g).

Diario. Newspaper (nu:spéiper).

Dibujar. Draw (dra:w).

Diccionario. Dictionary (díksheneri).

Diciembre. December (disémbe:r).

Diecinueve. Nineteen (naintí:n).

Dieciocho. Eighteen (eitín).

Dieciséis. Sixteen (sikstí:n).

Diecisiete. Seventeen (seventí:n).

Diente. Tooth (tu:z).

Dientes. Teeth (ti:z).

Diez centavos de dólar. Dime (dáim).

Diez. Ten (ten).

Diferencia. Difference (díferens).

Difícil. Difficult (dífikelt).

Difícil. Hard (ja:rd).

Digestión. Digestion (daishéschen).

Dinero en efectivo. Cash (kæsh).

Dinero. Money (máni).

Diploma. Diploma (diplá:me).

Dirección. Address (ǽdres).

Director de una escuela. Headmaster (jédmæste:r).

Discar. Dial (dáiel).

Discotéca. Disco (dískou).

Disculparse. Apologize (epá:leshaiz).

Discusión. Argument (a:rgiument).

Diseñador gráfico. Graphic designer (grǽfik dizáine:r).

Diseñar. Design (dizáin).

Disfrutar. Enjoy (inshói).

Disgustado. Upset (apsét).

Disgusto. Disgust (disgást).

Disminuir el nivel de actividad. Slow down (slóu dáun).

Disminuir la marcha. Slow down (slóu dáun).

Disminuir. Go down (góu dáun).

Disolver. Dissolve (diza:lv).

Dispersar. Spread (spréd).

Distancia. Distance (dístens).

Distraído. Absent-minded (ǽbsent máindid).

Distribución. Distribution (distribyu:shen).

Diversión. Amusement (emyú:zment).

Divertido. Cool (ku:l).

Divertido. Funny (fáni).

División. Division (divíshen).

Divorciado. Divorcee (devo:rsei).

Divorciarse. Get divorced (get divo:rst).

Doblar. Fold (fóuld).

Doblar. Turn (te:rn).

Doble. Double (dábel).

Doce. Twelve (twélv).

Docena. Dozen (dázen).

Doctor. Doctor (dá:kte:r).

Documental. Documentary (da:kyu:ménteri).

Documento de identidad. I.D.card (ái di: ka:rd)

Dólar. Dollar (dá:le:r).

Doler. Hurt (he:rt).

Dolor de cabeza. Headache (jédeik).

Dolor de espalda. Backache (bǽkeik).

Dolor de estómago. Stomachache (stá:mekeik).

Dolor de garganta. Sore throat (so:r zróut).

Dolor de muelas. Toothache (tú:zéik).

Dolor de oídos. Earache (íreik).

Dolorido. Sore (so:r).

Doloroso. Painful (péinfel).

Domingo. Sunday (sándei).

¿Dónde? Where (wer).

Dorado. Gold (góuld).

Dormir. Sleep (sli:p).

Dormitorio. Bedroom (bédrum).

Dos veces. Twice (tuáis).

Dos. Two (tu:).

Drugstore. Drugstore (drágsto:r).

Dubitativo. Doubtful (dáutfel).

Duda. Doubt (dáut).

Dulce. Sweet (swi:t).

Durante. During (during).

E

Ebriedad. Drunkenness (**dránkennes**).

Echarse atrás. Back out (bæk áut).

Ecológico. Ecological (ikelá:shikel).

Ecologista. Ecologist (iká:leshist).

Económico. Economical (ikená:mikel).

Edificio. Building (bílding).

Educación. Education (eshekéishen).

Efecto. Effect (ifékt).

Eficiente. Efficient (efíshent).

Egocéntrico. Self-centered (self séne:rd).

Egoísta. Selfish (sélfish).

Ejemplo. Example (igzæmpel).

Ejercicio. Exercise (éksersaiz).

Ejercicios aeróbicos. Aerobics (eróubiks).

El de/la de. One (wan).

El, la, las, los. The (de).

Él. He (ji:).

Elección. Election (ilékshen).

Electricista. Electrician (elektríshen).

Elefante. Elephant (élefent).

Elegante. Elegant (élegent).

Elegir. Pick out (pik áut).

Eliminar. Do away with (du: ewéi wid).

Ella. She (shi:).

Ellos/as. They (déi).

Embalaje. Packaging (pǽkeshing).

Embrague. Clutch (klách).

Empleada doméstica. Maid (méid).

Empleado administrativo. Administrative officer (edmínistretiv á:fise:r).

Empleado de la aduana. Customs officer (kástems á:fise:r).

Empleado de oficina. Office clerk (a:fis kle:rk).

Empleado público. Civil servant (sívil sérvent).

Empleado. Clerk (kle:rk).

Empleado. Employee (imploií:).

Empleador. Employer (implóie:r).

Empujar. Push (push).

Empuje. Push (push).

En (medios de transporte). By (bái).

En liquidación. On sale (a:n séil).

En punto. O'clock (eklá:k).

En realidad. Actually (ǽkchueli).

En. In (in).

Enamorarse. Fall for (fa:l fo:r).

Encantar. Love (lav).

Encargado de un edificio u hotel. Door person (do:r pé:rsen).

Encargarse de algo. See to (si: tu:).

Encender. Turn on (te:rn a:n).

Enchufe. Plug (plag).

Enciclopedia. Encyclopedia (insaiklepí:die).

Encontrar. Find (fáind).

Encontrarse con alguien por casualidad. Run into (ran intu:).

Encontrarse con alguien. Meet (mi:t).

Encuesta. Poll (póul).

Enemigo. Enemy (énemi).

Energético. Energetic (ene:rshétik).

Energía solar. Solar energy (sóule:r éne:rshi)

Enero. January (shǽnyu:eri).

Enfermedad del corazón. Heart disease (há:rt dizí:z).

Enfermedad. Disease (dizí:z).

Enfermedad. Illness (ílnes).

Enfermera. Nurse (ners).

Enfermo. Sick (sik).

Enfrente de. In front of (in fran:t ev).

Enojado. Angry (ǽngri).

Enojarse mucho. Go mad (góu mæd).

Enrojecer. Blush (blush).

Enrulado. Curly (ke:rli).

Ensalada de verduras. Salad (sǽled).

Enseñar. Teach (ti:ch).

Entender con dificultad. Make out (méikáut).

Entender. Understand (anderstǽnd).

Entero. Whole (jóul).

Entonces. Then (den).

Entrada. Starter (stá:re:r).

Entrar en calor. Warm up (wa:rm ap).

Entrar en un automóvil. Get in (get in).

Entrar ilegalmente. Trespass (trespǽs).

Entrar. Come in (kam in).

Entre. Between (bitwí:n).

Entregar algo que se ha ordenado o pedido. Hand over (jænd óuve:r).

Entregar. Hand (jǽnd).

Entretenimiento. Fun (fan).

Entretenimiento. Entertainment (ene:rtéinment).

Entrevista. Interview (ínner:viu:).

Entusiasmado. Enthusiastic (inzú:siestik).

Entusiasmado. Excited (iksáirid).

Envase de cartón. Carton (ká:rten).

Envenenar. Poison (póisen).

Enviar por correo. Mail (méil).

Enviar. Deliver (dilíve:r).

Enviar. Send (sénd).

Enviar. Ship (ship).

Envidioso. Envious (énvies).

Envío a domicilio. Delivery (dilíve:ri).

Envío. Shipment (shipment).

Equipaje. Baggage (bǽgish).

Equitación. Horseback riding (jó:rsbæk ráiding) .

Equivocado. Wrong (ra:ng).

Error. Error (é:re:r).

Eructar. Burp (be:rp).

Esa, ese, eso, aquella, aquel, aquello. That (dæt)

Esas/os, aquellas/os. Those (dóuz).

Escalar. Climb (kláim).

Escalera mecánica. Escalator (éskeleire:r).

Escalera. Stair (stér).

Escáner. Scanner (skǽne:r).

Escapar. Run away (ran ewéi).

Escéptico. Skeptical (sképtikel).

Escribir. Write (ráit).

Escritorio. Desk (désk).

Escuchar. Listen (lísen).

Escuela primaria. Elementary school (eleménteri sku:l).

Escuela primaria. Primary school (práime:ri sku:l).

Escuela secundaria. High school (jái sku:l).

Escuela secundaria. Secondary school (sékende:ri sku:l).

Escuela. School (sku:l).

Espacio. Space (spéis).

Especia. Spice (spáis).

Especial. Special (spéshel).

Espectáculo. Show (shóu).

Espejo. Mirror (míre:r).

Esperanza. Hope (jóup).

Esperar ansiosamente. Look forward to (luk fó:rwe:rd tu:).

Esperar. Hang on (jæng a:n).

Esperar. Hope (jóup).

Esperar. Wait (wéit).

Espesar. Thicken (zíken).

Espolvorear. Sprinkle (sprínkel).

Esposa. Wife (wáif).

Esposo. Husband (jázbend).

Esquí acuático. Water ski (wá:re:r ski:).

Esquí sobre nieve. Skiing (ski:).

Esquiar. Ski (ski:).

Esquina. Corner (kó:rne:r).

Esta noche. Tonight (tenáit).

Esta/este/esto. This (dis).

Establecer. Set up (set ap).

Establecerse en un lugar. Settle (sérl).

Estación del año. Season (sí:zen).

Estación. Station (stéishen).

Estadía. Stay (stéi).

Estado de ánimo. Mood (mu:d).

Estado. State (stéit).

Estampilla. Stamp (stæmp).

Estante. Shelf (shelf).

Estar de acuerdo. Agree (egrí:).

Estar deprimido. Feel down (fi:l dáun).

Estas/estos. These (di:z).

Estilo. Style (stáil).

Estornudar. Sneeze (sni:z).

Estudiante. Student (stú:dent).

Estudiar. Study (stádi).

Estufa a leña. Fireplace (fáirpleis).

Evento. Event (ivént).

Evitar hacer algo. Pass on (pæs a:n).

Exactamente. Exactly (igzǽktli).

Excedido en peso. Overweight (óuve:rweit).

Excelente. Excellent (ékselent).

Excursionismo. Hiking (jáiking).

Exención de impuestos. Exemption (iksémpshen).

Exhalar. Exhale (ikséil).

Exhausto. Exhausted (igzá:stid).

Exigente. Demanding (dimǽnding).

Existencia. Existence (eksístens).

Expansión. Expansion (ikspǽnshen).

Experiencia. Experience (íkspíriens).

Experimentar. Experience (ikspí:riens).

Experto. Expert (ékspe:rt).

Explicar. Explain (ikspléin).

Explotar. Blow up (blóu ap).

Explotar. Burst (be:rst).

Extinción. Extinction (ikstínkshen).

Extranjero. Alien (éilien).

Extranjero. Foreign (fó:ren).

Extrovertido. Outgoing (autgóuing).

F

Fabricante. Manufacturer (mænyufǽkche:re:r)

Fácil. Easy (í:zi).

Factura de (electricidad, etc). Bill (bil).

Facultad. Faculty (fǽkelti).

Falda. Skirt (ske:rt).

Familia. Family (fǽmeli).

Fantástico. Great (gréit).

Farmacéutico. Pharmacist (fá:rmesist).

Farmacia. Drugstore (drágsto:r).

Fascinado. Fascinated (fǽsineirid).

Favorito. Favorite (féivrit).

Fax. Fax machine (fǽks meshín).

Febrero. February (fébru:eri).

Fecha. Date (déit).

Feliz. Appy (jǽpi).

Feo, horrible. Awful (á:fel).

Feriado. Holiday (já:lidei).

Ficción. Fiction (fíkshen).

Fiebre. Fever (five:r).

Fiesta. Party (pá:ri).

Fila. Line (láin).

Filete. Steak (stéik).

Filosofía. Philosophy (filá:sefi).

Filtro protector. Firewall (fáirwa:l).

Fin de semana. Weekend (wí:kend).

Fin. End (end).

Final. Final (fáinel).

Finalmente. Finally (fáineli).

Firmar. Sign (sáin).

Fiscal. Prosecutor (prá:sikyú:re:r).

Física. Physical (físikel).

Flaquear. Break down (bréik dáun).

Flor. Flower (flaue:r).

Florista. Florist (flo:rist).

Forma de solicitud. Application form (æplikéishen fo:rm).

Forma. Form (fo:rm).

Formal. Formal (fó:rmel).

Forzar. Force (fo:rs).

Fosas nasales. Nostrils (ná:strils).

Foto. Photo(fóure).

Foto. Picture (píkche:r).

Fotocopiadora. Photocopier (fóureka:pie:r).

Fotografía. Photograph (fóuregræf).

Fotografía. Photography (foutóugrefi).

Fotógrafo. Photographer (fetá:grefe:r).

Frambuesa. Raspberry (ræspberi).

Franco. Candid (kǽndid).

Frasco. Jar (sha:r).

Fraude informático. Scam (skæm).

Fraude. Fraud (fro:d).

Frazada. Blanket (blǽnket).

Freír con fuego fuerte. Sear (sir).

Freír. Fry (frái).

Freno de manos. Parking brake (pa:rking bréik).

Freno. Brake (bréik).

Frente. Forehead (fá:rid).

Frente. Front (fra:nt).

Fresas. Strawberries (strá:beri).

Fresco. Cool (ku:l).

Frijoles. Beans (bi:ns).

Frío. Cold (kóuld).

Frontal. Straight-forward (stréit fó:rwe:rd)

Frontera. Border (bo:rde:r).

Fruncir el seño. Frown (fráun).

Frustrado. Frustrated (frastréirid).

Fruta. Fruit (fru:t).

Frutos del mar. Seafood (sí:fud).

Fuego. Fire (fáir).

Fuerza. Force (fo:rs).

Fumar. Smoke (smóuk).

Funcionar (una situación). Work out (we:rk áut).

Furioso. Furious (fyé:ries).

Furioso. Mad (mæd).

Fútbol americano. Football (fútba:l).

Fútbol. Soccer (sá:ke:r).

G

Gabardina. Trench coat (trench kóut).

Galón. Gallon (gǽlen).

Ganso. Goose (gu:s).

Garganta. Throat (zróut).

Gasolina. Gas (gæs).

Gasolina. Gasoline (gǽselin).

Gasolinera. Gas station (gæs stéishen).

Gastar dinero. Spend (spénd).

Gato. Cat (kæt).

Generalmente. Generally (shénereli).

Generoso. Generous (shéneres).

Gente. People(pí:pel).

Gerente. Manager (mǽnishe:r).

Gimnasia. Gym (shim).

Gimnasia. Gymnastics (shimnǽstiks).

Gimnasio. Gym (shim).

Girar dinero. Wire (wáir).

Giro postal. Money order (máni ó:rde:r).

Gobernador. Governor (gáve:rne:r).

Gobierno. Government (gáve:rnment).

Golf. Golf (ga:lf).

Golpear a alguien hasta que se desvanece. Knock out (na:k áut).

Golpear repetidamente. Knock (na:k).

Goma. Tire (táie:r).

Gordo. Fat (fæt).

Gordo. Heavy (jévi).

Gorra. Cap (kæp).

Gota. Drop (dra:p).

Grabado en piedra o metal. Engraving (ingréiving).

Grado. Degree (digrí:).

Grados centígrados. Degrees Celsius (digrí:z sélsies).

Grados Fahrenheit. Degrees Fahrenheit (digrí:z fǽrenjáit).

Gramo. Gram (græm).

Grande. Big (big).

Grande. Large (la:rsh).

Granjero. Farmer (fá:rme:r).

Grasa. Fat (fæt).

Grieta. Crack (kræk).

Gripe. Flu (flu:).

Gris. Gray (gréi).

Grisín. Breadstick (brédstik).

Gritar. Cry (krái).

Grupo. Group (gru:p).

Guante. Glove (glav).

Guardaparques. Park ranger (pa:rk réinshe:r)

Guardar. Put away (put ewéi).

Guardavida. Lifeguard (láifga:rd).

Guardia de seguridad. Security guard (sekyú:riti ga:rd).

Guía de turismo. Tour guide (tur gáid).

Guía telefónica. Directory (dairékteri).

Guía. Guide (gáid).

Guiñar un ojo. Wink (wink).

Gustar. Like (láik).

Gusto. Taste (téist).

H

Habilidad. Skill (skil).

Habilidades. Ability (ebíleri).

Habitación. Room (ru:m).

Hablar sobre algo. Bring up (bring ap).

Hablar. Speak (spi:k).

Hacer acordar. Remind (rimáind).

Hacer algo regularmente. Be into (bi: intu:)

Hacer caer. Drop (dra:p).

Hacer copia de seguridad de archivos electrónicos. Back up (bæk ap).

Hacer ejercicio físico. Work out (we:rk áut).

Hacer ejercicio. Exercise (éksersaiz).

Hacer explotar. Blow up (blóu ap).

Hacer explotar. Set off (set a:f).

Hacer. Do (du:).

Hacer. Make (méik).

Hacerse público. Come out (kam áut).

Hacha. Axe (æks).

Hacia. To (tu:).

Harina. Flour (fla:er).

Hay (pl). There are (der a:r).

Hay (sing). There is (der iz).

Hebilla. Buckle (bákel).

Hecho. Fact (fækt).

Helada. Frost (fra:st).

Helado. Ice cream (áis kri:m).

Hepatitis. Hepatitis (jepetáiris).

Herida (de arma). Wound (wu:nd).

Herida. Injury (ínsheri).

Hermana. Sister (síste:r).

Hermano. Brother (bráde:r).

Hermoso. Beautiful (biú:rifel).

Herramienta. Tool (tu:l).

Hervir. Boil (boil).

Hielo. Ice (áis).

Hierba aromática. Herb (jérb).

Hierro. Iron (áiren).

Hija. Daughter (dá:re:r).

Hijo. Child (cháild).

Hijo. Son (san).

Hijos. Children (chíldren).

Himno nacional. Anthem (anzem).

Himno. Hymn (jim).

Hincharse. Swell (swél).

Hipo. Hiccup (jíkap).

Hipócrita. Hypocrite (jípekrit).

Hipoteca. Mortgage (mo:rgish).

Historia. History (jíste:ri).

Historieta. Comic (ká:mik).

Hobby. Hobby (já:bi).

Hockey sobre hielo. Ice hockey (áis ja:ki)

Hockey sobre hielo. Ice hockey (áis já:ki).

Hockey. Hockey (já:ki).

Hogar. Home (jóum).

Hoja de papel. Sheet (shi:t).

Hola. Hello (jelóu).

Hola. Hi (jái).

Hombre. Man (mæn).

Hombres. Men(men).

Hombro. Shoulder (shóulde:r).

Homicidio. Homicide (já:mesáid).

Honestidad. Honesty (á:nesti).

Honesto. Honest (á:nest).

Hongo. Mushroom (máshru:m).

Honor. Honor (á:ner).

Hora. Hour (áur).

Hora. Time (táim).

Hormiga. Ant (ænt).

Hornear. Bake (béik).

Horno a microondas. Microwave oven (máikreweiv óuven).

Horno. Oven (óuven).

Horror. Horror (jó:re:r).

Hospedarse. Stay (stéi).

Hotel. Hotel (joutél).

Huésped. Guest (gést).

Huevo. Egg (eg)

Húmedo. Wet (wet).

Humor. Humor (jiu:me:r)

Huracán. Hurricane (hárikéin).

Hurto en tiendas. Shoplifting (shá:plifting).

I

Idea. Idea (aidíe).

Idioma. Language (lénguish).

Imaginar una idea o plan. Dream up (dri:m ap)

Imaginar. Imagine (imæshin).

Imaginativo. Imaginative (imæshíneriv).

Impaciente. Impatient (impéishent).

Impermeable. Raincoat (réinkout).

Impermeable. Waterproof (wá:re:rpru:f).

Importante. Important (impó:rtent).

Impresora. Printer (príne:r).

Impuesto. Tax (tæks).

Impulso. Impulse (ímpals).

Incendio. Fire (fáir).

Incluir a alguien en una actividad. Count in (káunt in).

Incómodo. Embarrassed (imbérest).

Incorrecto. Wrong (ra:ng).

Increíble. Incredible (inkrédibel).

Incumplimiento. Default (difá:lt).

Indeciso. Indecisive (indisáisiv).

Indigente. Indigent (índishent).

Indigestión. Indigestion (indishéschen).

Indoloro. Painless (péinless).

Industria. Industry (índestri).

Infantil. Childish (cháildish).

Infarto. Heart attack (ha:rt etá:k).

Infeliz. Unhappy (anjæpi).

Inflar. Blow up (blóu ap).

Información. Directory Assistance (dairékteri esístens).

Información. Information (infe:rméishen)

Informal. Casual (kæshuel).

Informar en secreto. Tip off (tip a:f).

Infracción. Infraction (infrækshen).

Ingeniero. Engineer (enshinír).

Ingrediente. Ingredient (ingri:dient).

Ingresar. Enter (éne:r).

Ingreso. Income (ínkam).

Inhalar. Inhale (injéil).

Inmediato. Immediate (imí:diet).

Inmigración. Immigration (imigréishen).

Inocente. Innocent (ínesent).

Inodoro. Toilet (tóilet).

Insecto. Insect (ínsekt).

Inseguro. Self-conscious (self ká:nshes).

Inspector de construcción. Construction inspector (kenstrákshen inspékte:r)

Instrucciones. Directions (dairékshen).

Instructor. Facilitator (fesílitéire:r).

Instructor. Instructor (instrákte:r).

Instrumento. Instrument (ínstrement).

Inteligente. Clever (kléve:r).

Inteligente. Intelligent (intélishent).

Inteligente. Smart (sma:rt).

Intentar lograr. Go for (góu fo:r).

Intentar. Attempt (etémpt).

Intercambio. Exchange (ikschéinsh).

Interés. Interest (íntrest).

Interesante. Interesting (íntresting).

Internacional. International (inte:rnǽshenel).

Internet. Internet (íne:rnet).

Intérprete. Interpreter (inté:rprite:r).

Intruso. Trespasser (trespǽse:r).

Inundación. Flood (flad).

Invención. Invention (invénshen).

Inventar una excusa. Make up (méik ap).

Inventar. Invent (invént).

Invierno. Winter (wíne:r).

Invitación. Invitation (invitéishen).

Invitar a salir. Ask out (æsk áut).

Invitar. Invite (inváit).

Ir a conocer un lugar nuevo. Check out (chek áut).

Ir hacia un lugar. Head for (jed fo:r).

Ir. Go (góu).

Irresponsable. Irresponsible (irispá:nsible).

Irritado. Irritated (íritéirid).

Irse. Be off (bi: a:f).

Izquierda. Left (left).

J

Jabón. Soap (sóup).

Jactarse. Show off (shóu a:f).

Jalea. Jelly (shéli).

Jamón. Ham (jæm).

Jardín. Garden (gá:rden).

Jardinería. Gardening (ga:rdening).

Jardinero. Gardener (gá:rdene:r).

Jefe de porteros en un hotel. Bell captain (bel kǽpten).

Jengibre. Ginger (shi:nshe:r).

Jerez. Sherry (shéri).

Jirafa. Giraffe (shirá:f).

Joven. Young (ya:ng).

Jubilación. Retirement (ritáirment).

Jubilarse. Retire (ritáir).

Juego de cartas. Card game (ka:rd géim).

Juego de comedor. Dining set (dáinig set).

Juego de damas. Checkers (chéke :rs).

Juego de mesa. Board game (bo:rd géim).

Juego de video. Video game (vídi:o géim).

Juego. Game (géim).
Juegos electrónicos. Play station (pléi stéishen).
Jueves. Thursday (zérzdei).
Juez. Judge (**shash**).
Jugador. Player (pléie:r).
Jugar eliminatorias. Play off (pléi a:f).
Jugar. Play (pléi).
Jugo. Juice (shu:s).
Juicio. Trial (tráiel).
Julio. July (shelái).
Junio. June (shu:n).
Jurado. Jury (shu:ri).
Juramento. Oath (óuz).
Jurar. Swear (swer).
Justicia. Justice (**shástis**).

Lágrima. Tear (tir).
Lamer. Lick (lik).
Lámpara de techo. Chandelier (chǽndelir).
Lámpara. Lamp (lǽmp).
Lámparas de techo. Light fixture (láit fiksche:r).
Lancha. Motorboat (móure:rbout).
Langosta. Lobster (lá:bste:r).
Langostino. Prawn (pra:n).
Lanzar. Throw (zróu).
Lápiz. Pencil (pénsil).
Largo. Long (lan:g).
Lata. Can (kæn).
Lavar. Wash (wa:sh).
Lavarropas. Washing machine (wa:shing meshín).

K

Karate. Karate (kerá:ri).
Kilogramo. Kilogram (kílegræm).
Kilómetro. Kilometer (kilá:mire:r).
Knowledge. Knowledge (ná:li**sh**).

L

La, le, a ella. Her (je:r).
Laboral. Labor (léibe:r).
Lacio. Straight (stréit).
Ladrón de tiendas. Shoplifter (shá:plifte:r).
Ladrón. Burglar (bé:rgle:r).
Ladrón. Robber (rá:be:r).
Ladrón. Thief (zi:f).
Lagarto. Alligator (eligéire:r).

Leal. Loyal (lóiel).
Lealtad. Loyalty (lóielti).
Leche descremada. Skim milk (skim milk).
Leche entera. Whole milk (jóul milk).
Leche. Milk (milk).
Lechuga. Lettuce (léres).
Leer. Read (ri:d).
Legal. Lawful (lá:fel).
Legal. Legal (lí:gel).
Legítimo. Lawful (lá:fel).
Lejos. Far (fa:r).
Lengua. Tongue (ta:ng).

Lenguado. Sole (sóul).

Lentamente. Slowly (slóuli).

León. Lion (láien).

Les, las, los, a ellos/as. Hem (dem).

Letra. Letter (lére:r).

Levantar pesas. Weight lifting (wéit lífting).

Levantar vuelo. Take off (téik off).

Levantar. Lift (lift).

Levantar. Put up (pik ap).

Levantar. Raise (réiz).

Levantarse de la cama. Get up (get ap).

Ley. Act (ækt).

Ley. Law (la:).

Libertad bajo fianza. On bail (a:n béil).

Libertad bajo palabra. On parole (a:n peróul).

Libertad condicional. On probation (a:n proubéishen).

Libra. Pound (páund).

Libro. Book (buk).

Licencia de conductor. Driver license (dráiver láisens).

Licuado. Milk shake (milk shéik).

Liderar. Lead (li:d).

Límite. Limit (límit).

Limón. Lemon (lémen).

Limonada. Lemonade (lémeneid).

Limpiar. Clean (kli:n).

Limpio. Clean (limpio).

Línea. Line (láin).

Liquido. Liquid (líkwid).

Lista de compras. Shopping list (shá:ping list).

Lista de correo. Mailing list (méiling list).

Lista. List (list).

Listo. Ready (rédi).

Llama. Flame (fléim).

Llamada. Call (ka:l).

Llamar. Call (ka:l).

Llave. Key (ki:).

Llegada. Arrival (eráivel).

Llegar. Arrive (eráiv).

Llegar. Get (get).

Llegar. Get to (get tu:).

Llegar. Show up (shóu ap).

Llegar. Turn up (te:rn ap).

Llenar completamente. Fill up (fil ap).

Llenar. Fill (fil).

Llevar a cabo. Set out (set áut).

Llevar. Carry (kéri)

Llevar. Take (téik).

Llevarse (bien o mal) con alguien.. Get along with (get ela:ng).

Llorar. Cry (krái).

Lluvia ácida. Acid rain (æsid réin).

Lluvia. Rain (réin).

Lluvioso. Rainy (réini).

Lo,le a él. Him (jim).

Lo/le (a ello). It (it).

Lobby. Lobby (lá:bi).

Locador. Landlord (lændlo:rd).

Locadora. Landlady (lǽndléidi).
Loción para afeitar. Shaving lotion (shéiving lóushen).
Loro. Parrot (péret).
Lucha libre. Wrestling (résling).
Lucha. Fight (fáit).
Luchar. Fight (fáit).
Luego. Then (den).
Lugar. Place (pléis).
Luna. Moon (mu:n).
Lunes. Monday (mándei).
Luz. Headlight (jédlait).
Luz. Light (láit).

M

Madera. Wood (wud).
Madre. Mother (máde:r).
Maestro. Teacher (tí:che:r).
Magulladura. Bruise (bru:z).
Maíz. Corn (ko:rn).
Mal carácter. Bad-Tempered (bæd témperd).
Maleducado. Impolite (impeláit).
Maleducado. Rude (ru:d).
Maleta. Suitcase (sú:tkeis).

Maletero. Trunk (tránk).
Malgastar dinero. Waste (wéist).
Malo. Bad (bæd).
Mandarina. Tangerine (tǽnsheri:n).

Mandíbula. Jaw (sha:).
Manera. Way (wéi).
Manga. Sleeve (sli:v).
Mango. Mango (mǽngou).
Maní. Peanut (pí:nat).
Manicura. Manicurist (meníkiu:rist).
Mano. Hand (jænd).
Manteca de maní. Peanut butter (pí:nat báre:r)
Mantener económicamente. Provide for (preváid for:)
Mantener el ritmo. Keep up with (ki:p ap wid).
Mantenerse al día. Keep up with (ki:p ap wid).
Mantenerse alejado. Keep away (ki:p ewái).
Mantequilla. Butter (báre:r).

Manzana. Apple (ǽpel).
Mañana. Morning (mo:rning).
Mañana. Tomorrow (temórou).
Máquina. Machine (meshín).
Mar. Sea (si:).
Marca. Make (méik).
Marcar como vistos en una lista. Check off (chek a:f).
Marcharse. Walk away (wa:k ewéi).
Mareado. Dizzy (dízi).
Maremoto. Tsunami (senǽmi).
Marinar. Marinade (mǽrineid).
Mariposa. Butterfly (báre:rflái).
Marrón. Brown (bráun).
Martes. Tuesday (tu:zdei).

Martillo. Hammer (jǽme:r).

Marzo. March (ma:rch).

Más. More (mo:r).

Masa. Dough (dóu).

Masa. Mass (mæs).

Masaje. Massage (mesá:sh).

Mascota. Pet. (pet).

Masticar. Chew (chu:).

Matar. Kill (kil).

Materia . Subject (sábshekt).

Mayo. May (méi).

Maza. Sledgehammer (sléshjǽme:r).

Me, a mí. Me (mi:).

Mecánico. Mechanic (mekǽnik).

Mecedora. Rocker (rá:ke:r).

Media jornada. Part-time (pa:rt táim).

Medianamente cocida. Medium (mí:diem).

Mediano. Medium (mi:diem).

Medicina. Medicine (médisen).

Medicinas de venta libre. O.T.C (óu ti: si:).

Médico de cabecera. Family doctor (fǽmeli dákte:r).

Médico. Physician (fizíshen).

Medida. Measure (méshe:r)

Medida. Measurement (méshe:rment).

Medio ambiente. Environment (inváirenment)

Medio. Half (ja:f).

Medios de comunicación masiva. Mass media (mæs mi:die).

Medios de comunicación. Media (mi:die).

Medios de transporte. Transportation (trænspo:rtéishen).

Medir. Measure(méshe:r).

Mejilla. Cheek (chi :k).

Mejor. Better (bérer).

Mejorar (el tiempo). Clear up (klíe:r ap).

Mejorar (una enfermedad). Clear up (klíe:r ap).

Mejorar. Improve (imprú:v).

Melocotón. Peach (pi:ch).

Melón. Melon (mélen).

Menos. Less (les).

Mensaje. Message (mésish).

Mentir. Lie (lái).

Mentón. Chin (chin).

Menú. Menu (ményu:).

Mercado. Market (má:rket).

Mermelada. Jam (shæm).

Mermelada. Marmalade (má:rmeleid).

Mes. Month (mánz).

Mesa de centro. Coffee table (ká:fi téibel).

Mesa. Table (téibel).

Mesera. Waitress (wéitres).

Mesero. Waiter (wéire:r).

Mesita de noche. Nightstand (náitstænd).

Metal. Metal (mérel).

Mezcla. Mixture (míksche:r).

Mezclado. Mixed (míkst).

Mezclar. Mix (miks).

Mezclar. Blend (blénd).

Mi. My (mái).

Miedo. Fear (fír).

Miembro del jurado. Juror (shu:re:r).

Mientras. While (wáil).

Miércoles. Wednesday (wénzdei).

Mil. Thousand (záunsend).

Milímetro. Millimeter (mílimi:re:r).

Milla. Mile (máil).

Millón. Million (mílien).

Mío/a. Mine (máin).

Mirar. Look (luk).

Mirar. Watch (wa:ch).

Misa. Mass (mæs).

Misterio. Mystery (místeri).

Moda. Fashion (fæshen).

Modelo. Model (má:del).

Moho. Mold (móuld).

Molesto. Annoyed (enóid).

Momento. Moment (móument).

Moneda. Coin (kóin).

Mono. Monkey (mánkei).

Mordedura, picadura. Bite (báit).

Morder. Bite (báit).

Morir. Die (dái).

Morir. Pass away (pæs ewéi).

Mosca. Fly (flái).

Mosquito. Mosquito (meskí:reu).

Mostrador. Counter (káunte:r).

Mostrar un lugar. Show around (shóu eráund).

Mostrar. Show (shóu).

Motor. Engine (énshin).

Mover. Move (mu:v).

Moverse velozmente. Speed (Spi:d).

Movimiento. Movement (mu:vment).

Muchacha. Girl (ge:rl).

Mucho. A lot (e la:t).

Mudarse. Move (mu:v).

Mudarse. Move away (mu:v ewái).

Muebles. Furniture (fé:rnicher).

Muerte. Death (**déz**).

Mujer. Woman (wumen).

Muleta. Crutch (krách).

Multa. Ine (fáin).

Multa. Penalty fee (pénalti fi:).

Mundo. World (we:rld).

Muñeca. Wrist (rist).

Murciélago. Bat (bæt).

Músculo. Muscle (másel).

Museo. Music (myu:zik).

Muslo. Thigh (zái).

Muy bien. O.K. (óu kéi).

Muy flaco. Skinny (skíni).

Muy. Pretty (príri).

Muy. Very (véri).

N

Nacimiento. Birth (be:rz).

Nación. Nation (néishen).

Nacionalidad. Nationalities (næshenæliri).

Nada. Nothing (názing).

Nadar. Swim (swim).

Nalga. Buttock (bárek).

Naranja. Orange (á:rinsh).

Narcotraficante. Drug dealer (drág di:le:r).

Narcotráfico. Drug dealing (drág di:ling).

Nariz. Nose (nóuz).

Natación. Swimming (swíming).

Naturaleza. Nature (néiche:r).

Naturalización. Naturalization (næchera:laizéishen).

Navegación a vela. Sailing (séiling).

Navegador. Browser (bráuze:r).

Navegar por Internet. Browse (bráuz).

Navegar. Navigate (nævigéit).

Navegar. Surf (se:rf).

Navidad. Christmas (krísmes).

Necesario. Necessary (néseseri).

Necesitar. Need (ni:d).

Negocios. Business (bíznes).

Negro. Black (blæk).

Nervioso. Nervous (nérves).

Nevoso. Snowy (snóui).

Ni ... ni. Neither... nor (ní:de:r/náide:r...no:r)

Nieve. Snow (snóu).

Niñera. Baby sitter (béibi síre:r).

Niñera. Nanny (næni).

Niño, chico. Kid (kid).

Niño. Child (cháild).

Niños. Children (chíldren).

Nivel. Level (lével).

No residente. Nonresident (na:nrézident).

Noche. Evening (í:vning).

Noche. Night (náit).

Nombrar. Name (néim).

Nombre del usuario. User ID (yu:ze:r ái di:).

Nombre. Name (néim).

Nos, a nosotros. Us (as).

Nosotros. We (wi:).

Nostalgioso. Homesick (jóumsik).

Nota. Mark (ma:rk).

Notario. Notary (nóure:ri).

Noticias. News (nu:z).

Notificar. Notify (nóurefái).

Noveno. Ninth (náinz).

Noventa. Ninety (náinri).

Novia. Bride (bráid).

Novia. Girlfriend (gé:rlfrend).

Noviembre. November (nouvémbe:r).

Novio. Boyfriend (bóifrend).

Novio. Groom (gru:m).

Nube. Cloud (kláud).

Nublado. Cloudy (kláudi).

Nuestro. Our (áuer).

Nuestro. Ours (áuers).

Nueve. Nine (náin).

Nuevo. New (nu:).

Nuez moscada. Nutmeg (nátmeg).

Nuez. Walnut (wa:lnut).

Número gratuito. Toll-free number (tóul fri: námbe:r).

Número interno. Extension (iksténshen).

Nunca. Never (néve:r).

Nutritivo. Nutritious (nu:tríshes).

O

O. Or (o:r).

O...o. Either...or (áide:r/ íde:r...o:r).

Obesidad. Obesity (oubí:se:ri).

Obeso. Obese (oubí:s).

Obrero de la construcción. Construction worker (kenstrákshen we:rke:r).

Obtener un préstamo. Take out (téik áut).

Ochenta. Eighty (éiri).

Ocho. Eight (éit).

Octavo. Eighth (éiz).

Octubre. October (a:któube:r).

Ocupado. Busy (bízi).

Ocurrir. Go on (góu a:n).

Odiar. Hate (jéit).

Oferta. Offer (á:fe:r).

Oficial. Official (efíshel).

Oficina de correos. Post office (póust á:fis).

Oficina. Office (á:fis).

Oído. Ear (ir).

Ojo. Eye (ái).

Ola de calor. Heat wave (ji:t wéiv).

Oloroso. Smelly (sméli).

Olvidadizo. Forgetful (fegétful).

Olvidar. Forget (fegét).

Once. Eleven (iléven).

Ondulado. Wavy (wéivi).

Onza. Ounce (áuns).

Opción. Option (á:pshen).

Operar. Operate (á:pereit).

Oportunidad. Chance (chæns).

Oportunidad. Opportunity (epertú:neri).

Optimista. Optimistic (a:ptimístik).

Ordenado. Tidy (táidi).

Ordenar un lugar. Tidy (táidi).

Ordenar. Order (á:rde:r).

Orégano. Oregano (o:régene).

Oreja. Ear(ir).

Orgánico. Organic (o:rgǽnik).

Organizar. Arrange (eréinsh).

Orgulloso. Proud (práud).

Oro. Gold (góuld).

Oscuro. Dark (da:rk).

Oso. Bear (ber).

Ostra. Oyster (óiste:r).

Otoño. Fall (fa:l).

Otra vez. Again (egén).

Otro. Other (á:de:r).

Oveja. Sheep (shi:p).

P

Paciente. Patient (péishent).

Padre. Father (fá:de:r).

Padres. Parents (pérents).

Pagar en la caja de un supermercado.
Check out (chek áut).

Pagar la cuenta al irse de un hotel.
Check out (chek áut).

Pagar las consecuencias. Pay for (péi fo:r).

Pagar las deudas. Settle up (sérl ap).

Pagar. Pay (péi).

Página de inicio. Home page (jóum péish)

Página. Page (péish).

Pago mensual. Monthly payment
(mánzli péiment).

País de nacimiento. Country of birth
(kántri ev birz).

País. Country (kántri).

Palacio de Justicia. Court House (ko:rt jáus).

Pálido. Pale (péil).

Palma. Palm (pa:lm).

Paloma. Dove (dáv).

Paloma. Pigeon (pí:shen).

Pan blanco. White bread (wáit bred).

Pan integral. Whole wheat (jóul bred).

Pan para hamburguesa. Bun (ban).

Pan. Bread (bred).

Panadería. Bakery (béikeri).

Panadero. Baker (béiker).

Panecillo. Roll (róul).

Panqueques. Pancake (pænkeik).

Pantalones cortos. Shorts (sho:rts).

Pantalones de jean. Jeans (shinz).

Pantalones largos. Pants (pænts).

Pantorrilla. Calf (kæf).

Pantufla. Slipper (slipe:r).

Paño de limpieza. Cloth (kla:z).

Pañuelo de bolsillo. Handkerchief
(jænke:rchi:f).

Papa. Potato (petéirou).

Papel higiénico. Toilet paper (tóilet péipe:r).

Papel. Paper (péipe:r).

Paperas. Mumps (mámps).

Paquete. Pack (pæk).

Paquete. Package (pækish).

Par. Pair (per).

Para. For (fo:r).

Para. To (tu:).

Parabrisas. Windshield (wíndshi:ld).

Paracaídas. Parachute (péreshu:t)

Paracaidismo. Parachuting (pereshú:ting).

Parada de autobús. Bus stop (bas sta:p)

Paragolpes. Fender (fénde:r).

Paraguas. Umbrella (ambréle).

Parar. Stop (sta:p).

Pararse. Stand (stænd)

Parecer. Seem (si:m).

Parecerse a un familiar. Take after (téik a:fte:r).

Parecerse. Look like (luk láik).

Pared. Wall (wa:l).

Parpadear. Blink (blink).

Parque. Park (pa:rk).

Parqueo. Parking lot (pa:rking lot).

Parte inferior. Bottom (bá:rem).

Partido político. Party (pá:ri).

Partido. Match (mæch).

Partir. Leave (li:v).

Parto. Delivery (dilí:very).

Pasaporte. Passport (pǽspo:rt).

Pasar (atravesar). Pass (pæs).

Pasar (dar). Pass (pæs).

Pasar (transcurrir). Pass (pæs).

Pasar a buscar. Pick up (pik ap).

Pasar la aspiradora. Vacuum (vækyú:m).

Paseo. Ride (ráid).

Pasta dental. Toothpaste (tu:zpéist).

Pasta. Pasta (pǽste).

Pastel. Pie (pái).

Patear. Kick (kik).

Patilla. Sideburn (sáidbe:rn).

Patinaje sobre hielo. Ice skating (áis skéiting).

Patinaje. Skating (skéiring).

Patinar. Skate (skéit).

Patio trasero. Backyard (bækye:rd).

Pato. Duck (dák).

Pavo real. Peacock (pí:ka:k).

Pavo. Turkey (té:rki).

Peaje. Toll (tóul).

Peatón. Pedestrian (pedéstrien).

Peca. Freckle (frékel)

Pecho. Chest (chest).

Pedir prestado. Borrow (bárau).

Pedir. Ask for (æsk fo:r).

Pedirle a alguien que se apure. Come on (kam a:n).

Pedirle a alguien que se vaya. Go away (góu ewéi).

Peinador. Hairstylist (jerstáilist).

Peine. Comb (kóum).

Película. Movie (mu:vi).

Peligro. Danger (déinshe:r).

Peligroso. Dangerous (déinsheres).

Pelirrojo. Red-haired (red jerd).

Pelo. Hair (jér).

Pelota. Ball (ba:l).

Peluquero. Hairdresser (jerdrése:r).

Pelvis. Pelvis (pélvis).

Pena de muerte. Death penalty (dez pénelti).

Pensar cuidadosamente. Think over (zink óuve:r).

Pensar. Think (zink).

Peor. Worse (we:rs).

Pepino. Cucumber (kyú:kambe:r).

Pequeño. Little (lírel).

Pequeño. Small (sma:l).

Pera. Pear (pér).

Perder los estribos. Blow up (blóu ap).

Perder. Lose (lu:z).

Pérdida. Loss (la:s).

Perejil. Parsley (pá:rslei).

Perfectamente. Perfectly (pé:rfektli).

Perfecto. Perfect (pé:rfekt).

Permanente. Permanent (pérmenent).

Permiso de trabajo. Work permit (we:rk pé:rmit).

Permiso. Permit (pé:rmit).

Pero. But (bat).

Perplejo. Bewildered (biwílde:rd).

Perplejo. Puzzled (pá:zeld).

Persianas. Blinds (bláindz).

Persona. Person (pé:rsen).

Pesado. Heavy (jévi).

Pesar. Weigh (wéi).

Pesca. Fishing (fishing).

Pesimista. Pessimistic (pesimístik).

Peso. Weight (wéit).

Pestaña. Eyelash (áilæsh).

Pez. Fish (fish).

Picar. Chop (cha:p).

Picar. Itch (ich).

Picar. Mince (míns)

Pie. Foot (fut).

Piel. Skin (skin).

Pierna. Leg (leg).

Pies. Feet (fi:t).

Pijama. Pajamas (pishǽ:mez).

Piloto. Pilot (páilet).

Pimienta. Pepper (pépe:r).

Pimiento. Pepper (pépe:r).

Pintar. Paint (péint).

Pintura. Painting (péinting).

Piña. Pineapple (páinæpl).

Piscina. Swimming pool (swíming pu:l).

Piso. Floor (flo:r).

Placer. Pleasure(pléshe:r).

Planchar. Iron (áiren).

Planear. Plan on (plæn a:n).

Planificar. Plan (plæn).

Plano. Plan (plæn).

Planta del pie. Sole (sóul).

Plato preparado. Dish (dish).

Plato principal. Main dish (méin dish).

Plomero. Plumber (pláme:r).

Pobre. Poor (pur).

Poco confiable. Unreliable (anriláiebel).

Poder (para pedir permiso). May (méi).

Poder. Can (kæn).

Poder. Could (kud).

Poderoso. Powerful (páue:rfel).

Policía. Police (pelí:s).

Política. Politics (pá:letiks).

Político. Politician (pa:letíshen).

Póliza. Policy (pá:lesi).

Pollo. Chicken (chíken).

Polo. Polo (póulou).

Polución. Pollution (pelú:shen).

Polvo. Dust (dást).

Poner en su lugar. Put back (put bæk).

Poner. Put (put).

Ponerle el nombre de un familiar.
Name after (néim á:fte:r).

Ponerse al día. Catch up on (kæch ap a:n).

Ponerse al día. Catch up with (kæch ap wid)

Ponerse cómodo. Settle (sérl).

Ponerse la ropa. Put on (put a:n).

Popular. Popular (pa:pyu:le:r).

Por allá. Over there (óuve:r der).

Por encima. Over (óuve:r).

Por lo tanto. So (sóu).

¿Por qué? Why (wái).

Por. Per (per).

Porción. Piece (pi:s).

Poste. Pole (póul).

Postergar. Put off (put a:f).

Postre. Dessert (dizé:rt).

Postularse. Apply (eplái).

Precalentar. Preheat (pri:ji:t).

Precio. Price (práis).

Preferir. Prefer (prifé:r).

Pregunta. Question (kuéschen).

Preguntar. Ask (æsk).

Prensa. Press (prés).

Preocupado. Worried (wé:rid).

Preocuparse. Worry (wé:ri).

Prepaga. Prepaid (pripéd).

Preparar un escrito. Draw up (dra: ap).

Preparar. Prepare (pripé:r).

Prescindir. Do without (du: widáut).

Presentador. Host (jóust).

Presentar. Introduce (intredu:s).

Presidente. President (prézident).

Presionar. Press (prés).

Préstamo. Loan (lóun).

Prestar. Lend (lénd).

Presumido. Vain (véin).

Presupuesto. Budget (báshet).

Primavera. Spring (spring).

Primero. First (fe:rst).

Primo. Cousin (kázen).

Principal. Main (méin).

Prioridad. Priority (praió:reri).

Prisión. Jail (shéil).

Prisión. Prison (prí:sen).

Probador. Dressing room (drésing ru:m).

Probar comida. Taste (téist).

Probar. Try out (trái áut).

Problema. Problem (prá:blem).

Procedimiento. Procedure (presí:she:r).

Producto. Product (prá:dekt).

Productos de almacén. Groceries (gróuseri:z).

Productos lácteos. Dairy products (déri prá:dakts).

Próximo. Next (nékst).

Prueba instrumental. Exhibit (eksí:bit).

Prueba. Evidence (évidens).

Psicología. Psychology (saiká:leshi).

Psiquiatra. Psychiatrist (saikáietrist).

Publicidad. Advertising (ǽdve:rtaizing).

Puerta de entrada. Front door (fra:nt do:r).

Puerta. Door (do:r).

Puerto. Harbor (já:rbe:r).

Puerto. Port (po:rt)

Pulgada. Inch (inch).

Pulpo. Octopus (ektá:pes).

Pulso. Pulse (pa:ls).

Puntaje. Mark (ma:rk).

Puño. Fist (fist).

Q

Profesión. Profession (preféshen).

Profesionales. Professional (preféshenel).

Profesor. Teacher (tí:che:r).

Programa de entrevistas. Talk show (ta:k shóu).

Programador. Programmer (prougrǽme:r)

Promedio. Average (ǽverish).

Prometer. Promise (prá:mis).

Prometido. Fiancée (fi:a:nséi).

Pronóstico del tiempo. Weather forecast (wéde:r fó:rkæst).

Pronto. Soon (su:n).

Propina. Tip (tip).

Protección. Protection (pretékshen).

Proveedor. Provider (preváide:r).

Proveer. Provide (preváid).

¿Qué clase de? What kind of...? (wa:t káindev)

¿Qué? What (wa:t).

Quebrado (sin dinero). Broke (bróuk).

Quedar bien (una prenda). Fit (fit).

Quedar bien (una prenda). Suit (su:t).

Quedarse levantado. Stay up (stéi ap).

Quedarse sin algo. Be out of (bi: áut ev)

Quedarse. Stay (stéi).

Quemadura. Burn (bu:rn).

Quemar. Burn (be:rn).

Querer mucho algo. Die for (dái fo:r).

Querer. Want (wa:nt).

Queso azul. Blue cheese (blu: chi:z).

Queso. Cheese (chi :z).

¿Quién? Who (ju:).

Quince. Fifteen (fiftí:n).

Quinto. Fifth (fifz).

Quitar el polvo. Dust (dást).

Quitar importancia. Play down (pléi dáun)

Quitar. Take away (téik ewéi).

Quitar. Take out (téik áut).

Quitarse la ropa. Take off (téik a:f).

R

Radiación. Radiation (reidiéishen).

Radiador. Radiator (réidieire:r).

Radio. Radio (réidiou).

Radioactividad. Radioactivity (reidioæktíveri).

Rallar. Grate (gréit).

Rana. Frog (fra:g).

Rápido. Quick (kuík).

Raramente. Rarely (ré:rli).

Rascar. Scratch (skræch).

Rasgar. Tear (ter).

Rasgar. Tear up (ter ap).

Ratón. Mouse (máus).

Realmente. Really (ríeli).

Recargar. Refill (rifíl).

Recepcionista. Front desk (fra:nt desk).

Recepcionista. Receptionist (risépshenist).

Receptor. Receiver (risépte:r).

Receta médica. Prescription (preskrípshen).

Receta. Recipe (résipi).

Rechazar. Turn down (te:rn dáun).

Recibir. Receive (risí:v).

Reciclar. Recycle (risáikel).

Recién. Just (sha:st).

Recoger. Pick up (pik ap).

Recomendación. Referral (riférel).

Recomendar. Recommend (rekeménd).

Recordar. Remember (rimémbe:r).

Recorrer. Look around (luk eráund).

Recorrido. Tour (tur).

Recostarse. Lie back (lái bæk).

Rectangular. Rectangular (rektǽngyu:le:r).

Recuperar la conciencia. Come around (kam eráund).

Recuperarse de una enfermedad. Get over (get óuve:r).

Red. Network (nétwe:rk).

Redondo. Round (ráund).

Reducir. Cut back (kat bæk).

Reducir. Cut down (kat dáun).

Reducir. Reduce (ridú:s).

Reembolso. Refund (rífand).

Referencia. Reference (réferens).

Refresco. Soda (sóude).

Refrigerador. Fridge (frish).

Refrigerador. Refrigerator (rifríshe:reire:r)

Refugiado. Refugee (réfyu:shi:).

Registrarse. Check in (chek in).

Registrarse. Sign up (sáin ap).

Reglas. Regulation (regyu:léishen).

Regresar. Come back (kam bæk).

Regresar. Get back (get bæk).

Regresar. Go back (góu bæk).

Regular. Regular (régyu:ler).

Reingreso. Re-entry (riéntri).

Reír. Laugh (læf).

Relación. Relation (riléishen).

Relación. Relationship (riléishenship).

Relajado. Relaxed (rilǽkst).

Relajado. Relaxing (rilǽksing).

Relámpago. Lightning (láitning).

Religión. Religion (rilí:shen).

Rellenar. Stuff (staf).

Relleno. Stuffed (stáft).

Remitente. Sender (sénde:r).

Remo. Rowing (róuing).

Rentar. Rent (rent).

Repetir algo grabado. Play back (pléi bæk).

Repetir. Repeat (ripí:t).

Repisa. Bookcase (búkkeis).

Repollitos de Bruselas. Brussel sprouts (brázel spráuts).

Repollo. Cabbage (kǽbish).

Reportero. Reporter (ripó:re:r).

Reprobar. Fail (féil).

Reprogramar. Reschedule (riskéshu:l).

República. Republic (ripáblik).

Requisito. Requirement (rikuáirment).

Resentido. Resentful (riséntfel).

Reserva. Reservation (reze:rvéishen).

Resfriado. Cold (kóuld).

Residente. Resident (rézident).

Residuos tóxicos. Toxic waste (tá:ksik wéist)

Resolver. Figure out (fíge:r áut).

Respirar. Breathe (bri:d).

Responsable. Responsible (rispá:nsibel).

Restaurante. Restaurant (résteren).

Resultar beneficioso. Pay off (péi a:f).

Resultar razonable. Add up (æd ap).

Resultar. Turn out (te:rn áut).

Reticente.R eluctant (riláktent).

Retirar dinero. Withdraw (widdra:).

Retirar pertenencias de un lugar. Clear out (klíe:r áut).

Reunión. Meeting (mí:ting).

Reunirse. Get together (get tegéde:r).

Revisar. Check (chek).

Revisar. Check over (chek óuve:r).

Revisar. Go through (góu zru:).

Revisión. Review (riviú:).

Revista. Magazine (mægezí:n).

Revolver. Stir (ste:r).

Río. River (ríve:r).

Risa. Laughter (lǽfte:r).

Robar. Make off with (méik a:f wid).

Robar. Steal (sti:l).

Robo. Burglary (bé:rgle:ri).

Robo. Robbery (rá:beri).

Robo.T heft (zeft).

Robusto. Stocky (sta:ki).

Rocío. Dew (du:).

Rodilla. Knee (ni:).

Rojo. Red (red).

Romance. Romance (róumens).

Romero. Rosemary (róuzmeri).

Rompecabezas. Jigsaw puzzle (shigsa: pázel)

Romper una relación. Break up (breik ap).

Romper. Break (bréik).

Romperse. Break down (bréik dáun).

Ron. Rum (ram).

Roncar. Snore (sno:r).

Ropa deportiva. Sportswear (spo:rtswer).

Ropa. Clothes (klóudz).

Ropero. Closet (klóuset).

Rosa. Pink (pink).

Rosca. Bagel (béigel).

Rubia. Blonde (bla:nd).

Rubio. Blond (bla:nd).

Rubio. Fair (fer).

Rueda. Wheel (wi:l).

Rugby. Rugby (rágbi).

Ruido. Noise (nóiz).

S

Sábado. Saturday (sǽre:rdei).

Sábana. Sheet (shi:t).

Saber. Know (nóu).

Sacar dinero de un banco. Take out (téik áut)

Sal. Salt (sa:lt).

Sala de estar. Living room (líving ru:m)

Saldo. Balance (bǽlens).

Saldo. Rest (rest).

Salida. Exit (éksit).

Salir a correr. Jogging (sha:ging).

Salir de compras. Shop around (sha:p eráund).

Salir de un automóvil. Get out of (get áut ev).

Salir de viaje. Set off (set a:f).

Salir del paso. Move out (mu:v áut).

Salir. Go out (góu áut).

Salirse con la suya. Get away with (get ewéi wid).

Salmón. Salmon (sǽlmen).

Saltar. Jump (shamp).

Salto. Jump (shamp).

Salud. Health (jélz).

Salvar. Save (séiv).

Sandía. Watermelon (wá:re:r mélen).

Sangre. Blood (bla:d).

Sardina. Sardine (sá:rdain).

Sastre. Tailor (téile:r).

Satélite. Satellite (sǽtelait).

Satisfecho. Satisfied (sǽrisfáid).

Seco. Dry (drái).

Secretaria. Secretary (sékrete:ri).

Secuestrador. Kidnapper (kidnǽpe:r).

Secuestrar. Kidnap (kidnǽp).

Secuestro. Kidnapping (kidnǽping).

Seguir. Follow (fá:lou).

Segundo. Second (sékend).

Seguro de sí mismo. Self-confident (self ka:nfident).

Seguro. Insurance (inshó:rens).

Seguro. Safe (séif).

Seis. Six (síks).

Selectivo. Selective (siléktiv).

Sellar. Seal (si:l).

Sello. Seal (si:l).

Semáforo. Traffic light (trǽfik láit).

Semana. Week (wi:k).

Seno. Breast (brést).

Sensato. Sensible (sénsibel).

Sensible. Sensitive (sénsitiv).

Sentarse. Sit (sit).

Sentido. Sense (séns).

Sentimiento. Feeling (fi:ling).

Sentir. Feel (fi:l).

Señal de tránsito. Traffic sign (trǽfik sáin).

Señalar. Point (póint).

Señor. Mr. (míste:r).

Señor. Sir (se:r).

Señora o señorita. Ms. (mez).

Señora. Ma'am (mem).

Señora. Madam (mǽdem).

Señora. Mrs. (mísiz).

Señorita. Miss (mis).

Separar para un uso específico. Put aside (put esáid).

Separar. Separate (sépe:reit).

Septiembre. September (septémbe:r).

Séptimo. Seventh (sévenz).

Sequía. Drought (dráut).

Ser, estar. Be (bi:).

Serrucho. Saw (sa:).

Servicios. Service (sé:rvis).

Servir. Serve (se:rv).

Sesenta. Sixty (síksti).

Setenta. Seventy (séventi).

Sexo. Sex (séks).

Sexto. Sixth (síksz).

Sí. Yes (yes).

Sida. Aids (éidz).

Siempre. Always (a:lweiz).

Sien. Temple (témpel).

Sierra. Hacksaw (jǽksa:).

Siete. Seven (séven).

Significado. Meaning (mi:ning).

Significar. Mean (mi:n).

Silla de ruedas. Wheelchair (wí:lcher).

Silla. Chair (che:r).

Sillón de dos cuerpos. Loveseat (lávsi:t).

Sillón. Couch (káuch).

Sin alcohol. Non-alcoholic (na:n elkejóulik)

Sin tacto. Tactless (tǽktles).

Sin. Without (widáut).

Sindicato. Union (yú:nien).

Sitio. Site (sáit).

Smog. Smog (sma:g).

Sobornar. Bribe (bráib).

Soborno. Bribe (bráib).

Sobre. Envelope (énveloup).

Sobre. On (a:n).

Sobregiro. Overdraft (óuverdraft).

Sobretodo. Overcoat (óuve:rkout).

Sobrina. Niece (ni:s).

Sobrino. Nephew (néfyu:).

Social. S ocial (sóushel).

Sociedad. Society (sesáieri).

Sofá. Sofa (sóufe).

Software espía. Spyware (spáiwer).

Sol. Sun (sán).

Solamente. Only (óunli).

Soldado. Soldier (sóulshe:r).

Soleado. Sunny (sáni).

Solitario. Lonely (lóunli).

Soltero. Bachelor (bǽchele:r).

Solterona. Spinster (spínste:r).

Sombrero. Hat (jæt).

Sonar (una alarma). Go off (góu a:f).

Sonar. Ring (ring).

Sonar. Sound (sáund).

Sonrisa. Grin (grin).

Soñar. Dream (dri:m).

Sopa. Soup (su:p).

Soplar. Blow (blóu).

Soplar. Blow out (blóu áut).

Sorprendido. Amazed (eméizd).

Sorprendido. Surprised (se:rpráizd).

Sorpresa. Surprise (se:rpráiz).

Sospechoso. Suspect (sákspekt).

Sótano. Basement (béisment).

Su (.de ellos/as). Their (der).

Su (de animal, cosa o situación). Its (its)

Su (de él). His (jiz).

Su (de ella). Her (je:r).

Subir a un transporte público. Get on (get a:n)

Subterráneo. Subway (sábwei).

Subyacer. Lie behind (lái bi:jáind).

Suceder inesperadamente. Come up (kam ap).

Sucio. Dirty (déri).

Suerte. Luck (lak).

Suéter. Sweater (suére:r).

Suficiente. Enough (ináf).

Sufrir. Suffer (sáfe:r).

Sugerir. Come up with (kam ap wid).

Sugerir. Suggest (seshést).

Sumar. Add up (æd ap).

Supermercado. Supermarket (su:pe:rmá:rket)

Suplemento. Supplement (sáplement).

Suponer. Guess (ges).

Suponer. Suppose (sepóuz).

Susceptible. Touchy (táchi).

Suspenso. Thriller (zrile:r).

Suspirar. Sigh (sái).

Sustancia química. Chemical (kémikel).

Sustento. Support (sepo:rt).

Suyo/a. Theirs (derz).

T

Tabla. Board (bo:rd).

Tablero de instrumentos. Dashboard (dǽshbo:rd).

Taco. Heel (ji:l).

Taladro. Drill (dri:l).

Talla. Size (sáiz).

Talón. Heel (ji:l).

También. Also (á:lsou).

También. Too (tu:).

Tamizar. Sift (sift).

Tardar. Take (téik).

Tarde. Afternoon (ǽfte:rnu:n).

Tarde. Late (léit).

Tareas del estudiante. Homework (jóumwe:k)

Tarifa. Rate (réit).

Tarjeta de crédito. Credit card (krédit ka:rd)

Tarjeta de débito. Debit card (débit ka:rd)

Tarjeta telefónica. Phone card (fóun ka:rd)

Tasa de interés. Interest rate (íntrest réit).

Taxi. Cab (kæb).

Taxi. Taxi (tǽksi).

Taza. Cup (káp).

Tazón. Bowl (bóul).

Tazón. Mug (mag).

Té helado. Iced tea (aís ti:).

Te, a ti, a usted, a ustedes. You (yu:).

Té. Tea (ti:).

Teatro. Theater (zíe:re:r).

Techo. Ceiling (síling).

Techo. Roof (ru:f).

Técnico. Technical (téknikel).

Técnico. Technician (tekníshen).

Tejer. Knitting (níting).

Telefonista. Telephone operator (télefóun a:peréire:r).

Teléfono. Phone (fóun).

Teléfono. Telephone (télefóun).

Televisor. Television (télevishen).

Temblar. Tremble (trémbel).

Temperatura. Temperature (témpriche:r).

Temporada. Season (sí:zen).

Temporal. Gale (géil).

Temprano. Early (érli).

Tenedor. Fork (fo:rk).

Tener éxito. Catch on (kæch a:n).

Tener ganas. Feel like (fi:l láik).

Tener que. Have to(hæv te).

Tener una experiencia difícil. Go through (góu zru:).

Tener una ilusión. Dream about (dri:m ebáut).

Tener una ilusión. Dream of (dri:m ev).

Tener. Have (jæv).

Tenis de mesa. Ping Pong (ping pa:ng).

Tenis de mesa. Table tennis (téibel ténis).

Tenis. Tennis (ténis).

Teñir. Dye (dái).

Tercero. Third (zerd).

Terco. Stubborn (stábe:rn).

Terminar de una manera determinada. Come out (kam áut).

Terminar de una manera determinada. End up (end ap).

Terminar sesión en sitio de Internet. Log off (la:g a:f).

Terminar sesión en un sitio de Internet. Log out (la:g áut).

Terminar. Be over (bi: óuve:r).

Terraza. Terrace (téres).

Terremoto. Earthquake (érzkweik).

Terrible. Terrible (téribel).

Testigo. Witness (wítnes).

Tía. Aunt (ænt).

Tiburón. Shark (sha:rk).

Tiempo libre. Free time (frí: táim).

Tiempo. Time (táim).

Tiempo. Weather (wéde:r).

Tienda de regalos. Gift store (gift sto:r).

Tienda. Store (sto:r).

Tierra. Earth (érz).

Tierra. Land (lænd).

Tijera. Scissors (síze:rs).

Tímido. Shy (shái).

Tinta. Ink (ink).

Tintorería. Dry cleaner's (drái klí:ne:rz).

Tío. Uncle (ánkel).

Típico. Typical (típikel).

Tirar a la basura. Throw away (zróu ewéi).

Tire. Pull (pul).

Tiritar. Shiver (shíve:r).

Tiro al blanco. Target shooting (tá:rget shú:ring).

Titular. Headline (jédláin).

To (tu:).

Tobillo. Ankle (ænkel).

Tocino. Bacon (béiken).

Todavía. Still (stil).

Todavía. Yet (yet).

Todo. Everything (évrizing).

Todos los días. Every day (évri déi).

Todos. All (a:l).

Tolerante. Easy-going (i:zigóuing).

Tolerar. Put up with (put ap wid).

Tomacorriente. Socket (sá:kit).

Tomar. Take (téik).

Tomate. Tomato (teméirou).

Tomillo. Thyme (táim).

Tormenta de nieve. Blizzard (blíze:rd).

Tormenta eléctrica. Thunderstorm (zánde:rsto:rm).

Tornado. Tornado (te:rnéidou).

Tornillo. Bolt (bóult).

Toro. Bull (bu:l).

Tos. Cough (kaf).

Toser. Cough (kaf).

Tostar. Toast (tóust).

Total. Total (tóurel).

Trabajador. Hard-working (já:rdwe:rking).

Trabajar mucho. Knock out (na:k áut).

Trabajar. Work (we:rk).

Trabajo de parto. Labor (léibe:r).

Trabajo. Job(sha:b).

Trabajo. Work (we:rk).

Traductor. Translator (trensléire:r).

Traer a la memoria. Bring back (bring bæk)

Traer. Bring (bring).

Traer. Bring along (bring elá:ng).

Tragar. Swallow (swálou).

Traje de baño de mujer. Bathing suit (béiding su:t).

Traje de baño hombre). Trunks (tránks).

Traje de etiqueta. Tuxedo (taksí:dou).

Traje. Suit (su:t).

Transacción. Transaction (trensækshen).

Transferencias de dinero. Money transfer (máni trænsfe:r).

Tránsito. Traffic (træfik).

Transpirar. Sweat (swet).

Transportar. Carry (kéri).

Trasferir. Transfer (trænsfe:r).

Tratar. Try (trái).

Trece. Thirteen (ze:rtí:n).

Treinta. Thirty (zé:ri).

Tren. Train (tréin).

Tres. Three(zri:).

Triste. Sad (sæd).

Tronco. Trunk (tránk).

Trucha. Trout (tráut).

Truenos. Thunder (zánde:r).

Tu, su, de usted, de ustedes. Your (yo:r).

Tú, usted, estedes. You (yu:).

Tubo. Tube (tu:b).

Tuerca. Nut (nat).

Tumba. Tomb (tu:m).

Turismo. Tourism (túrizem).

Tuyo/a; suyo/a. Yours (yo:rz).

U

Úlcera. Ulcer (álse:r).

Último. Last (læst).

Un centavo de dólar. Penny (péni).

Un poco. A bit (e bit).

Un poco. A little (e lírel).

Un, una. A (e).

Un, una. An (en).
Una vez. Once (uáns).
Unido. United (yu:náirid).
Unirse. Join (shoin).
Universal. Universal (yu:nivé:rsel).
Universidad. University (yu:nivé:rsiri).
Unos pocos. A few (e fyu:).
Untar. Spread (spréd).
Uña. Nail (néil).
Usar ropa. Wear (wer).
Usual. Usual (yú:shuel).
Usualmente. Usually (yu:shueli).
Útero. Womb (wu:m).
Uva. Grape (gréip).

V

Vaca. Cow (káu).
Vacación. Vacation (veikéishen).
Vacaciones. Holiday (já:lidei).
Vagar sin un fin específico. Hang around (jæng eráund).
Valiente. Brave (bréiv).
Vandalismo. Vandalism (vændelizem).
Vándalo. Vandal (vændel).
Vapor. Steam (sti:m).
Varicela. Chickenpox (chíkenpa:ks).
Vaso. Glass (glæs).
Veces. Times (táimz).
Veinte. Twenty (twéni).
Veinticinco centavos de dólar. Quarter (kuá:re:r).
Vela. Candle (kændel).
Velocidad. Speed (spi:d).

Venda. Bandage (bændish).
Vendedor de autos. Car dealer (ka:r di:le:r).
Vendedor. Salesclerk (séilskle:k).
Vendedor. Salesperson (séilspe:rsen).
Vendedor. Seller (séle:r).
Vender hasta agotar. Sell out (sel aút).
Vender. Sell (sel).
Vendido. Sold (sóuld).
Veneno. Poison (póisen).
Venir de. Come from (kam fra:m).
Venir. Come (kam).
Ventana. Window (wíndou).

Ventilador de techo. Ceiling fan (síling fæn).
Ventoso. Windy (wíndi).
Ver. See (si:).
Verano. Summer (sáme:r).
Verdadero. True (tru:).
Verde. Green (gri:n).
Verdulero. Greengrocer (gri:ngróuse:r).
Verduras. Vegetables (véshetebels).
Veredicto. Verdict (vé:rdikt).
Verter. Pour (po:r).
Vestido. Dress (dres).
Veterinario. Veterinarian (vete:riné:rian).
Veterinario. Vet (vet).
Viajar. Travel (trævel).
Viaje. Trip (trip).

Vidrio. Glass (glæs).

Viejo. Old (óuld).

Viento. Wind (wind).

Viernes. Friday (fráidei).

Villa. Village (vílish).

Vinagre. Vinegar (vínige:r).

Vino blanco. White wine (wáit wáin).

Vino rosado. Rosé wine (rouzéi wáin).

Vino tinto. Red wine (red wáin).

Vino. Wine (wáin).

Violación (ataque sexual). Rape (réip).

Violador. Rapist (réipist).

Violador. Violator (váieléire:r).

Violar una ley. Violate (váieléit).

Virus. Virus (váires).

Visitar de improviso. Drop in (dra:p in).

Visitar por un corto período. Stop by (sta:p bái).

Visitar sin detenerse demasiado. Pass by (pæs bái).

Visitar. Visit (vízit).

Vista. Sight (sáit).

Vista. View (viú).

Viuda. Widow (wídou).

Viudo. Widower (widoue:r).

Vivir en un lugar nuevo. Move in (mu:v in).

Vivir. Live (liv).

Volante. Steering wheel (stiring wi:l).

Volar. Fly (flái).

Voleibol. Volleyball (vá:liba:l).

Volver a solicitar. Reapply (ri:eplái).

Vomitar (un bebé). Spit up (spit ap).

Vomitar. Throw up (zróu ap).

Vomitar. Throw up (zróu áp).

Voto. Ballot (bǽlet).

Voz. Voice (vóis).

Vuelo. Flight (fláit).

Vuelta de prueba. Test drive (test dráiv).

Y

Y. And (end).

Yarda. Yard (ya:rd).

Yo. I (ái).

Yoga. Yoga (yóuge).

Yogur. Yoghurt (yóuge:rt).

Z

Zanahoria. Carrot (kǽret).

Zapato tenis. Sneaker (sni:ke:r).

Zapato. Shoe (shu:).

Zapatos tenis. Tennis shoes (ténis shu:z).

Zarzamora. Blackberry (blǽkberi).

Zoológico. Zoo (zu:).

Zorro. Fox (fa:ks).

GLOSARIO
INGLÉS - ESPAÑOL

A

A (e). Un, una
A bit (e bit). Un poco.
A few (e fyu:). Unos pocos.
A little (e lírel). Un poco.
A lot (e la:t). Mucho.
A. M. (éi em). A.M (antes del mediodía).

Ability (ebíleri). Habilidades.
Able (éibel). Capaz.
About (ebáut). Acerca de.
Above (ebáv). Arriba de.
Absent-minded (æbsent máindid). Distraído.
Absolutely (æbselú:tli). Absolutamente.
Accelerator (akséle:reire:r). Acelerador.
Accept (eksépt). Aceptar.
Account (ekáunt). Cuenta.
Accountant (ekáuntent). Contador.
Acid rain (æsid réin). Lluvia ácida
Acquaintance (ekwéintens).Conocido.
Acquittal (ekwí:tel). Absolución.
Across (ekrá:s). A través, en frente de.
Act (ækt). Actuar.
Act (ækt). Ley
Actor (ækte:r). Actor.
Actually (ækchueli). En realidad.
Ad (æd). Avisos publicitarios.
Add (æd). Agregar.
Add up (æd ap). Resultar razonable
Add up (æd ap). Sumar.
Address (ædres). Dirección.

Adjustment (edshástment). Ajuste.
Administrative officer (edmiístretiv á:fise:r). Empleado administrativo.
Adventure (edvénche:r). Aventura.
Advertisement (ædve:rtáizment). Aviso publicitario.
Advertising (ædve:rtaizing). Publicidad.
Advice(edváis). Consejo.
Aerobics (eróubiks). Ejercicios aeróbicos.
Affectionate (efékshenet). Afectuoso.
Affidavit (æfedéivit). Declaración jurada.
After (æfte:r). Después.
Afternoon (æfte:rnu:n). Tarde.
Again (egén). Otra vez.
Agency (éishensi). Agencia.
Aggressive (egrésiv). Agresivo.
Ago (egóu). Atrás.
Agree (egrí:). Estar de acuerdo.
Agreement (egrí:ment). Acuerdo.
Aids (éidz). Sida

Air (er). Aire
Airport (érport). Aeropuerto.
Alcohol (ælkeja:l). Alcohol.
Alibi (ǽlibai). Coartada.
Alien (éilien). Extranjero.
All (a:l). Todos.
Allergy (æle:rshi). Alergia
Alligator (eligéire:r). Lagarto
Almond (á:lmend). Almendra.
Alphabet (ǽlfebet). Alfabeto.
Also (á:lsou). También.
Always (a:lweiz). Siempre.
Amazed (eméizd). Sorprendido.

Ambitious (æmbíshes) Ambicioso.

Amount (emáunt). Cantidad.

Amusement (emyú:zment). Diversión.

An (en). Un, una.

Anchovy (ǽnchevi). Anchoa.

And (end). Y.

Angry (ǽngri). Enojado.

Animal (ǽnimel). Animal.

Ankle (ǽnkel). Tobillo.

Annoyed (enóid). Molesto.

Answer (ǽnser). Contestar.

Ant (ænt). Hormiga

Anthem (anzem). Himno nacional.

Antibiotic (æntibaiá:rik). Antibiótico.

Anxious (ǽnkshes). Ansioso.

Anybody (éniba:di). Alguien. Nadie.

Anyone (éniwan). Alguien, nadie.

Anything (énizing). Algo. Nada.

Apartment (apa:rtment). Apartamento.

Apologize (epá:leshaiz). Disculparse

Appeal (epí:l). Apelación

Apple (ǽpel). Manzana.

Application form (æplikéishen fo:rm). Forma de solicitud.

Apply (eplái). Postularse.

Approval (eprú:vel). Aprobación.

April (éipril). Abril.

Architect (á:rkitekt). Arquitecto.

Area Code (érie kóud). Código de área.

Argument (a:rgiument). Discusión.

Arm (a:rm). Brazo.

Around (eráund). Alrededor.

Arrange (eréinsh). Organizar.

Arrival (eráivel). Llegada.

Arrive (eráiv). Llegar.

Arrogant (ǽregent). Arrogante.

Artist (á:rist). Artista.

As (ez). Como.

Ashamed (eshéimd) Avergonzado.

Ask (æsk). Preguntar.

Ask for (æsk fo:r). Pedir.

Ask out (æsk áut). Invitar a salir.

Aspirin (æspirin). Aspirina.

Assault (aso:lt). Ataque.

Assistant (esístent). Asistente.

At (æt). A, en.

ATM (ei. ti: em). Cajero automático.

Attack (etæk). Ataque.

Attempt (etémpt). Intentar.

Attend (eténd). Concurrir.

Attention (eténshen). Atención.

Attorney (eté:rnei). Abogado.

Attraction (ete:rni). Atracción.

August (o:gast). Agosto.

Aunt (ænt). Tía.

Authority (ezo:riti). Autoridad.

Avenue (ævenu:). Avenida.

Average (ǽverish). Promedio.

Awful (á:fel). Feo, horrible.

Axe (æks). Hacha

B

Baby sitter (béibi síre:r). Niñera.

Bachelor (bæchele:r). Soltero.

Back (bæk). Atrás. espalda.

Back out (bæk áut). Echarse atrás.

Back up (bæk ap). Apoyar.

Back up (bæk ap). Hacer copia de seguridad de archivos electrónicos..

Backache (bǽkeik). Dolor de espalda.

Background (bækgraund). Antecedentes.

Backyard (bǽkye:rd). Patio trasero.

Bacon. (béiken). Tocino.

Bad (bæd). Malo.

Bad-Tempered (bæd témpe:rd). Mal carácter.

Bag (bæg). Bolso, bolsa.

Bagel (béigel). Rosca.

Baggage (bǽgish). Equipaje.

Bake (béik). Hornear.

Baker (béiker). Panadero.

Bakery (béikeri). Panadería.

Balance (bǽlens). Saldo.

Balcony (bǽlkeni). Balcón.

Bald (ba:ld). Calvo.

Ball (ba:l). Pelota.

Ballot (bǽlet). Voto

Band aid (bænd éid). Banda atoadhesiva protectora.

Bandage (bǽndish). Venda

Bank (bænk). Banco.

Bankrupt (bǽnkrept). Bancarrota

Barbecue (ba:rbikyu:). Barbacoa.

Barrel (bǽrel). Barril.

Baseball (béisba:l). Béisbol.

Basement (béisment). Sótano.

Basil (béisil). Albahaca

Basket (bǽsket). Canasta.

Basketball (bǽsketbol). Basquetbol.

Bat (bæt). Murciélago.

Bathe (béid). Bañarse.

Bathing suit (béiding su:t). Traje de baño de mujer.

Bathroom (bǽzrum). Cuarto de baño.

Bathtub (bǽztab). Bañera.

Battery (bǽreri). Batería.

Bay (béi). Bahía.

Be (bi:). Ser, estar.

Be into (bi: intu:). Hacer algo regularmente.

Be off (bi: a:f). Irse.

Be out of (bi: áut ev). Quedarse sin algo.

Be over (bi: óuve:r). Terminar.

Beans (bi:ns). Frijoles.

Bear (ber). Oso

Beard (bird). Barba.

Beat (bi:t). Batir.

Beautiful (biú:rifel). Hermoso.

Bed (bed). Cama

Bedroom (bédrum). Dormitorio.

Bee (bi:). Abeja

Beef (bi:f). Carne vacuna.

Beer (bir). Cerveza.

Before (bifo:r). Antes.

Begin (bigín). Comenzar

Behavior (bijéivye:r). Comportamiento.

Behind (bijáind). Detrás.
Belief (bili:f). Creencia.
Bell captain (bel kǽpten). Jefe de porteros en un hotel.
Below (bilóu). Debajo de.
Belt (belt). Cinturón.
Better (bérer). Mejor.
Between (bitwí:n). Entre.
Beverage (bévrish). Bebida. Hasta acá.
Bewildered (biwilde:rd). Perplejo.
Bicycle (báisikel). Bicicleta.

Big (big). Grande.
Bill (bil). Billete.
Bill (bil). Factura (de electricidad, etc.).
Billion (bílien). Billón (mil millones).
Biography (baia:grefi). Biografías.
Birth (be:rz). Nacimiento.
Birthday (bérzdei). Cumpleaños.
Bite (báit). Mordedura, picadura.
Bite (báit). Morder.
Black (blæk). Negro.
Blackberry (blǽkberi).Zarzamora.
Blackmail (blǽlmeil).Chantajear.
Blackmailer (blǽkmeile:r). Chantajista.
Blanket (blǽnket). Frazada.
Blend (blénd). Mezclar.
Blind (bláind). Ciego.
Blind date (bláind déit). Cita a ciegas.
Blinds (bláindz). Persianas.
Blink (blink). Parpadear.
Blizzard (blíze:rd). Tormenta de nieve.
Block (bla:k). Cuadra.

Blog (bla:g). Diario personal en Internet.
Blond (bla:nd). Rubio.
Blonde (bla:nd). Rubia.
Blood (bla:d). Sangre.
Blouse (bláus). Blusa.
Blow (blóu). Soplar.
Blow out (blóu áut). Soplar.
Blow up (blóu ap). Explotar.
Blow up (blóu ap). Hacer explotar.
Blow up (blóu ap). Inflar.
Blow up (blóu ap). Perder los estribos.
Blue (blu:). Azul.
Blue cheese (blu: chi:z). Queso azul
Blush (blush). Enrojecer.
Board (bo:rd). Cartelera.
Board (bo:rd). Tabla

Board game (bo:rd géim). Juego de mesa.
Boat (bóut). Bote.
Body (ba:dy). Cuerpo.
Boil (boil). Hervir.
Bolt (bóult).tornillo
Book (buk). Libro.
Bookcase (búkkeis). Repisa.
Boot (bu:t). Bota.
Border (bo:rde:r). Frontera.
Boring (bo:ring). Aburrido.
Borrow (bárau). Pedir prestado.
Bossy (ba:si). Autoritario.
Both (bóuz). Ambos.
Bottle (ba:rl). Botella.
Bottled water (ba:rl wá:re:r) Agua mineral.

Bottom (bá:rem). Parte inferior.
Bowl (bóul). Tazón.
Bowling (bóuling). Bolos.
Box (ba:ks). Caja.
Boxing (ba:ksing). Boxeo.
Boyfriend (bóifrend). Novio.
Brainteaser (bréinti:ze:r). Adivinanza.
Braise (bréiz). Cocinar con líquido.
Brake (bréik). Freno.
Brandy (brǽndi). Coñac.
Brass (brǽs). Bronce.
Brave (bréiv). Valiente.
Bread (bred). Pan.
Breadstick (brédstik). Grisín.
Break (bréik). Descanso.
Break (bréik). Romper.
Break down (bréik dáun). Flaquear.
Break down (bréik dáun). Romperse.
Break up (breik ap). Romper una relación.
Breast (brést). Seno.
Breath (brez). Aliento.
Breathe (bri:d). Respirar.
Breeze (bri:z). Brisa
Bribe (bráib). Sobornar.
Bribe (bráib). Soborno.
Bricklayer (brikléie:r) albañil.
Bride (bráid). Novia.

Bring (bring). Traer.
Bring along (bring elá:ng). Traer.
Bring back (bring bæk). Traer a la memoria.
Bring up (bring ap). Criar

Bring up (bring ap). Hablar sobre algo.
Broadband (bro:dbænd) Banda ancha de Internet.
Broke (bróuk). Quebrado (sin dinero).
Brother (bráde:r). Hermano.
Brown (bráun). Castaño.
Brown (bráun). Marrón.
Browse (bráuz). Navegar por Internet.
Browser (bráuze:r). Navegador.
Bruise (bru:z). Magulladura
Brussel sprouts (brázel spráuts). Repollitos de Bruselas.
Buckle (bákel). Hebilla.
Buddy (bári). Amigo.
Budget (báshet). Presupuesto.
Buffalo (báfelou). Búfalo
Buffet (beféi). Bufet.
Build up (bild ap). Aumentar.
Builder (bílde:r). Constructor.
Building (bílding). Edificio.
Bull (bu:l). Toro

Bun (ban). Pan para hamburguesa.
Burglar (bé:rgle:r). Ladrón.
Burglary (bé:rgle:ri). Robo.
Burn (be:rn). Quemar.
Burn (bu:rn). Quemadura.
Burp (be:rp). Eructar.
Burst (be:rst). Explotar.
Bus (bas). Autobús.
Bus stop (bas sta:p). Parada de autobús.
Business (bíznes). Negocios.
Busy (bízi). Ocupado.

But (bat). Pero.
Butcher (bútche:r). Carnicero.
Butter (báre:r). Mantequilla.
Butterfly (báre:rflái). Mariposa.
Buttock (bárek). Nalga.
Button (bárn). Botón.
Buy (bái). Comprar.
By (bái). En (medios de transporte).
Bye (bái). Adiós.

C

Cab (kæb). Taxi.
Cabbage (kæbish). Repollo.
Cable (kéibel). Cable
Calf (kæf). Pantorrilla.
Call (ka:l). Llamada.
Call (ka:l). Llamar.
Call back (ka:l bæk). Devolver un llamado
Call off (ka:l a:f). Cancelar.
Call up (ka:l ap). Convocar (para el ejército o un equipo deportivo).
Calm (ka:lm). Calmar.
Calm down (ka:lm dáun). Calmar.
Campaign (kempéin). Campaña.
Can (kæn). Lata.
Can (kæn). Poder.
Candid (kændid). Franco.
Candidate (kændideit). Candidato.
Candle (kændel). Vela.
Canoeing (kenú:ing). Canotaje.
Cap (kæp). Gorra.
Car (ka:r). Automóvil.
Car dealer (ka:r di:le:r). Vendedor de autos.

Car racing (ka:r réising). Automovilismo.
Card game. (ka:rd géim). Juego de cartas.
Care (ker). Cuidado.
Care for (ker fo:r). Cuidar.
Carefree (kérfree). Despreocupado.
Carpenter (ka:rpente:r). Carpintero.

Carpet (ká:rpet). Alfombra.
Carrot (kæret). Zanahoria.
Carry (kéri) Llevar.
Carry (kéri). Transportar.
Carton (ká:rten). Envase de cartón.
Case (kéis). Caso
Cash (kæsh). Dinero en efectivo.
Cashier (kæshír). Cajero.
Casual (kæshuel). Informal.
Cat (kæt). Gato.
Catch (kæch). Atrapar.
Catch on (kæch a:n). Tener éxito.
Catch up on (kæch ap a:n). Ponerse al día.
Catch up with (kæch ap wid). Ponerse al día.
Cause (ka:z). Causa.
Ceiling (síling). Techo.
Ceiling fan (síling fæn). Ventilador de techo.
Celery (séleri). Apio.
Cemetery (sémeteri). Cementerio.
Centimeter (séntimirer). Centímetro.
Certificate (se:rtífiket). Certificado.
Chair (che:r). Silla.
Chance (chæns). Oportunidad.
Chandelier (chændelir). Lámpara de techo.
Change (chéinsh). Cambiar
Change (chéinsh). Cambio.

Charge (cha:rsh). Acusación.
Check (chek). Cheque.
Check (chek). Chequear.
Check (chek). Cuenta en un restaurante).
Check (chek). Revisar.
Check in (chek in). Registrarse.
Check off (chek a:f).Marcar como vistos en una lista.
Check out (chek áut). Ir a conocer un lugar nuevo.
Check out (chek áut). Pagar en la caja de un supermercado
Check out (chek áut). Pagar la cuenta al irse de un hotel.
Check over (chek óuve:r). Revisar.
Checkbook (chékbuk). Chequera.
Checkers. (chéke :rs). Juego de damas.
Cheek (chi :k). Mejilla.
Cheerful (chirfel). Alegre.
Cheese (chi :z). Queso.

Chef (shef). Chef.
Chemical (kémikel). Sustancia química.
Cherry (chéri). Cereza.
Chess (chess). Ajedrez.
Chest (chest). Cómoda.
Chest (chest). Pecho.
Chestnut (chéstnat). Castaña.
Chew (chu:). Masticar.
Chicken (chíken). Pollo.
Chickenpox (chíkenpa:ks). Varicela
Child (cháild). Hijo.

Child (cháild). Niño.
Childish (cháildish). Infantil.
Children (chíldren). Hijos.
Children (chíldren). Niños.
Chili (chili). Ají picante.
Chin (chin). Mentón.
Chop (cha:p). Picar.
Christmas (krísmes). Navidad.
Cinnamon (sínemen). Canela
Citizen (sírisen). Ciudadano.
Citizenship (sírisenship). Ciudadanía.
City (síri). Ciudad.
Civil servant (sívil sérvent). Empleado público
Clap (klæp). Aplaudir.
Classified ad (klǽsifaid æd) Aviso clasificado.
Clean (kli:n). Limpiar.

Clean (limpio). Limpio.
Clear (klíe:r). Aclarar.
Clear out (klíe:r áut). Retirar pertenencias de un lugar.
Clear up (klíe:r ap). Aclarar dudas.
Clear up (klíe:r ap). Mejorar (el tiempo).
Clear up (klíe:r ap). Mejorar (una enfermedad).
Clerk (kle:rk). Empleado.
Clever (kléve:r). Inteligente.
Climate (kláimit). Clima
Climb (kláim). Escalar
Closet (klóuset). Ropero.
Cloth (kla:z). Paño de limpieza.
Clothes (klóudz). Ropa.

Cloud (kláud). Nube.

Cloudy (kláudi). Nublado.

Clutch (klách). Embrague.

Coal (kóul). Carbón.

Coat (kóut). Abrigo.

Cockroach (ká:krouch). Cucaracha.

Coconut (kóukenat). Coco.

Cod (ka:d). Bacalao

Coffee (ka:fi). Café.

Coffee store (ká:fi sto:r). Cafetería.

Coffee table (ká:fi téibel). Mesa de centro.

Coin (kóin). Moneda.

Cold (kóuld). Frío.

Cold (kóuld). Resfriado.

Collar (kále:r). Cuello (de una prenda).

Collect (kelékt). Cobrar.

Color (kále:r). Color.

Comb (kóum). Peine.

Come (kam). Venir.

Come along (kam elá:ng). Acompañar.

Come around (kam eráund). Recuperar la conciencia.

Come back (kam bæk). Regresar

Come from (kam fra:m). Venir de.

Come in (kam in). Entrar.

Come on (kam a:n). Pedirle a alguien que se apure.

Come out (kam áut). Hacerse público.

Come out (kam áut). Terminar de una manera determinada.

Come through (kam zru:). Atravesar una situación difícil con éxito.

Come up (kam ap). Suceder inesperadamente

Come up with (kam ap wid). Sugerir.

Comfort (kámfe:rt). Comodidad.

Comfortable (kámfe:rtebel). Cómodo.

Comic (ká:mik). Historieta

Commercial (kemé:rshel). Aviso publicitario

Company (kámpeni). Compañía.

Comparison (kempérisen). Comparación.

Competition (ká:mpetíshen). Competencia.

Competition (ká:mpetishen). Competición.

Competitive (kempéririv). Competitivo.

Complete (kemplí:t). Completar.

Computer (kempyú:re:r). Computadora.

Computing (kempyu:ring). Computación.

Concert (ká:nse:rt). Concierto.

Condition (kendíshen). Condición.

Confused (kenfyú:zd). Confundido.

Congress (ká:ngres). Congreso.

Connection (kenékshen). Conexión.

Considerate (kensídret). Considerado.

Constitution (ka:nstitu:shen). Constitución.

Construction inspector (kenstrákshen inspékte:r). Inspector de construcción.

Construction worker (kenstrákshen we:rke:r). Obrero de la construcción.

Consultant (kensáltent). Asesor.

Contain (kentéin). Contener.

Contamination (kenteminéishen). Contaminación.

Contractor (kentræ:kte:r). Contratista.

Control (kentróul). Control.
Control-freak (kentróul fri:k).
Controlador obsesivo.
Conversation (ka:nverséishen). Conversación.
Convict (ká:nvikt). Convicto.
Cook (kuk). Cocinar.
Cook (kuk). Cocinero.
Cooker (kúke:r). Cocina.
Cool (ku:l). Divertido.
Cool (ku:l). Fresco.
Copper (ká:pe:r). Cobre.
Copy (ká:pi). Copia.
Copy (ká:pi). Copiar.
Cork (ka:rk). Corcho.
Corn (ko:rn). Maíz.

Corner (kó:rne:r). Esquina.
Cost (ka:st). Costar.
Couch (káuch). Sillón.
Cough (kaf). Tos.
Cough (kaf). Toser.
Could (kud). Poder.
Counselor (káunsele:r). Asesor.
Count (káunt). Contar.
Count in (káunt in). Incluir a alguien en una actividad.
Count on (káunt a:n). Contar con.
Counter (káunte:r). Mostrador.
Country (kántri). País.
Country code (kántri kóud). Código de país.
Country of birth (kántri ev birz). País de nacimiento.
Court (ko:rt). Corte
Court House (ko:rt jáus). Palacio de Justicia

Cousin (kázen). Primo.
Cover (ká:ve:r). Cubrir.
Cow (káu). Vaca
Crab (kræb). Cangrejo.

Crack (kræk). Grieta.
Craft (kræft). Artesanía.
Crate (kréit). Cajón.
Cream (kri:m). Crema.
Creative (kriéiriv). Creativo.
Credit (krédit). Crédito.
Credit card (krédit ka:rd). Tarjeta de crédito.
Crime (kráim). Delito.
Criminals (kríminel). Delincuentes.
Crocodile (krákedail). Cocodrilo
Crosswalk (krá:swa:k). Cruce peatonal.
Crossword puzzle (krá:swe:rd pázel). Crucigrama.
Cruel (krúel). Cruel.
Crutch (krách). Muleta
Cry (krái). Gritar.
Cry (krái). Llorar.
Cucumber (kyú:kambe:r). Pepino.
Culture (ké:lche:r). Cultura.
Cup (káp). Taza.
Curly (ke:rli). Enrulado.
Current (ké:rent). Corriente.
Current account (ké:rent ekáunt). Cuenta corriente.
Curtain (ké:rten). Cortina.
Cushion (kúshen). Almohadón.
Customer (kásteme:r). Cliente.
Customs (kástems). Aduana.

Customs officer (kástems á:fise:r): empleado de la aduana.
Cut (kat). Cortar
Cut back (kat bæk). Reducir.
Cut down (kat dáun). Reducir.
Cut off (kat a:f). Cortar un servicio.
Cyberspace (sáibe:rspeis) Ciberespacio.

D

Dairy products (déri prá:dakts). Productos lácteos.
Damage (dæmish). Daño.
Dance (dæns). Bailar.
Dancing (dænsing). Baile.
Danger (déinshe:r). Peligro.
Dangerous (déinsheres). Peligroso.
Dark (da:rk). Oscuro.
Darts (da:rts). Dardos.

Dashboard (dæshbo:rd). Tablero de instrumentos.
Database (déirebéis). Base de datos.
Date (déit). Cita.
Date (déit). Fecha.
Daughter (dá:re:r). Hija.
Day (déi). Día.
Death (déz). Muerte.
Death penalty (dez pénelti). Pena de muerte.
Debit card (débit ka:rd). Tarjeta de débito.
Debt (dét). Deuda.
Decaffeinated coffee (dikæfineirid ká:fi) café descafeinado.

December (disémbe:r). Diciembre.
Decision (disíshen). Decisión.
Deck (dek). Balcón terraza.
Declare (diklé:r). Declarar.
Default (difá:lt). Incumplimiento.
Defence (diféns). Defensa
Defendant (diféndent). Acusado
Degree (digrí:). Grado.
Degrees Celsius (digrí:z sélsies). Grados centígrados.
Degrees Fahrenheit (digrí:z færenjáit). Grados Fahrenheit.
Delicious (dilíshes). Delicioso.
Deliver (dilíve:r). Enviar.
Delivery (dilí:very). Parto.
Delivery (dilíve:ri). Envío a domicilio.
Demanding (dimænding). Exigente.
Democracy (dimá:kresi). Democracia.
Democratic (demekrǽrik). Democrático
Dentist (déntist). Dentista.
Deny (dinái). Denegar.
Depend (dipénd). Depender.
Deposit (dipá:zit). Depósito.
Depressed (diprést). Deprimido.
Depression (dipréshen). Depresión.
Design (dizáin). Diseñar.
Desire (dizáir). Desear.
Desk (désk). Escritorio.
Dessert. (dizé:rt). Postre.

Destination (destinéishen). Destino.
Destroy (distrói). Destruir.
Destruction (distrákshen). Destrucción.

Detail (díteil). Detalle.

Determined (dité:rmind). Decidido.

Development (divélopment). Desarrollo.

Dew (du:). Rocío

Dial (dáiel). Discar.

Dice (dáis). Cortar en cubos.

Dice (dáis). Dados.

Dictionary (díksheneri). Diccionario.

Did (did). Auxiliar para el pasado simple.

Die (dái). Morir

Die for (dái fo:r). Querer mucho algo.

Difference (díferens). Diferencia.

Difficult (dífikelt). Difícil.

Digestion (daishéschen). Digestión.

Dime (dáim). Diez centavos de dólar.

Dining room (dáining ru:m). Comedor.

Dining set (dáinig set). Juego de comedor.

Diploma (diplá:me). Diploma.

Directions (dairékshen). Instrucciones.

Directory (dairékteri). Guía telefónica.

Directory Assistance (dairékteri
esístens). Información.

Dirty (déri). Sucio.

Disappointed (disepóinted). Desilusionado.

Disco (dískou). Discoteca.

Discovery (diská:veri). Descubrimiento.

Discussion (diskáshen). Conversación.

Disease (dizí:z). Enfermedad.

Disgust (disgást). Disgusto.

Dish (dish). Plato preparado.

Dissolve (diza:lv). Disolver.

Distance (dístens). Distancia.

Distribution (distribyu:shen). Distribución.

Diving (dáiving). Buceo.

Division (divíshen). División.

Divorcee (devo:rsei). Divorciado.

Dizzy (dízi). Mareado

Do (du:). Auxiliar del presente simple.

Do (du:). Hacer

Do away with (du: ewéi wid). Eliminar.

Do without (du: widáut). Prescindir.

Doctor (dá:kte:r). Doctor.

Documentary (da:kyu:ménteri).
Documental

Does (dáz). Auxiliar del presente simple

Dollar (dá:le:r). Dólar.

Dolphin (dá:lfin). Delfín.

Door (do:r). Puerta.

Door person (do:r pé:rsen). Encargado
de un edificio u hotel.

Double (dábel). Doble.

Doubt (dáut). Duda.

Doubtful (dáutfel). Dubitativo.

Dough (dóu). Masa.

Dove (dáv). Paloma

Down (dáun). Abajo.

Down payment (dáun péiment). Anticipo.

Download (dáunloud). Bajar archivos.

Down-to-earth (dáun te érz). Centrado.

Downtown (dáuntaun). Centro de la
ciudad.

Dozen (dázen). Docena.

Draw (dra:w). Dibujar.

Draw up (dra: ap). Preparar un escrito.

Dream (dri:m). Soñar.
Dream about (dri:m ebáut). Tener una ilusión.
Dream of (dri:m ev). Tener una ilusión.
Dream up (dri:m ap). Imaginar una idea o plan.
Dress (dres). Vestido.
Dresser (drése:r). Cómoda.
Dressing (drésing). Aderezo.
Dressing room (drésing ru:m). Probador.
Drill (dri:l). Taladro
Drink (drink). Beber.
Drink (drink). Bebida.

Drive (dráiv). Conducir.
Driver (dráive:r). Conductor.
Driver license (dráiver láisens). Licencia de conductor.
Drop (dra:p). Hacer caer.
Drop in (dra:p in). Visitar de improviso.
Drop off (dra:p a:f). Dejar a alguien en un lugar.
Drop out (dra:p áut) Abandonar los estudios
Drought (dráut). Sequía.
Drug dealer (drág di:le:r). Narcotraficante.
Drug dealing (drág di:ling). Narcotráfico.
Drugstore (drágsto:r). *Drugstore*.
Drugstore (drágsto:r). Farmacia.
Drunkenness (dránkennes). Ebriedad.
Dry (drái). Seco.
Dry cleaner's (drái kli:ne:rz). Tintorería.

Duck (dák). Pato.
During (during). Durante.
Dust (dást). Polvo.
Dust (dást). Quitar el polvo.
Dye (dái). Teñir

E

Eagle (i:gel). Águila.
Ear (ir). Oído.
Ear (ir). Oreja.
Earache (íreik). Dolor de oídos.
Early (érli). Temprano.
Earth (érz). Tierra.
Earthquake (érzkweik). Terremoto.
Easy (í:zi). Fácil.
Easy-going (i:zigóuing). Tolerante.
Eat (i:t). Comer.

Eat out (i:t áut). Comer en un restaurante.
Eat up (i:t ap). Comer todo.
Ecological (ikelá:shikel). Ecológico.
Ecologist (iká:leshist). Ecologista.
Economical (ikená:mikel). Económico.
Edge (esh). Borde.
Education (eshekéishen). Educación.
Eel (i:l). Anguila
Effect (ifékt). Efecto.
Efficient (efíshent). Eficiente.
Egg (eg). Huevo.
Eight (éit). Ocho.
Eighteen (eitín). Dieciocho.
Eighth (éiz). Octavo.

Eighty (éiri). Ochenta.

Either ... or (áide:r/ íde:r ...o:r). O ... o.

Elbow (élbou). Codo.

Election (ilékshen). Elección.

Electrician (elektríshen). Electricista.

Elegant (élegent). Elegante.

Elementary school (eleménteri sku:l). Escuela primaria.

Elephant (élefent). Elefante

Elevator (éleveire:r). Ascensor.

Eleven (iléven). Once.

E-mail (ímeil). Correo electrónico.

Embarrassed (imbérest). Incómodo.

Embroidery (imbróideri). Bordado.

Empathetic (empazérik). Comprensivo.

Employee (imploií:). Empleado.

Employer (implóie:r).Empleador.

Encyclopedia (insaiklepí:die). Enciclopedia.

End (end). Fin.

End up (end ap). Terminar de una manera determinada.

Enemy (énemi). Enemigo.

Energetic (ene:rshétik). Energético.

Engine (énshin). Motor.

Engineer (enshinír). Ingeniero.

Engraving (ingréiving). Grabado en piedra o metal.

Enjoy (inshói). Disfrutar.

Enough (ináf). Suficiente.

Enter (éne:r). Ingresar.

Entertainment (ene:rtéinment). Entretenimiento.

Enthusiastic (inzú:siestik). Entusiasmado.

Envelope (énveloup). Sobre.

Envious (énvies). Envidioso.

Environment (inváirenment). Medio ambiente

Error (é:re:r). Error.

Escalator (éskeleire:r). Escalera mecánica.

Evening (í:vning). Noche.

Event (ivént). Evento.

Ever (éve:r). Alguna vez.

Every day (évri déi). Todos los días.

Everything (évrizing). Todo.

Evidence (évidens). Prueba

Exactly (igzæktli). Exactamente.

Example (igzæmpel) ejemplo.

Excellent (ékselent). Excelente.

Exchange (ikschéinsh). Cambio de dinero.

Exchange (ikschéinsh). Intercambio.

Excited (iksáirid). Entusiasmado.

Exemption (iksémpshen). Exención de impuestos

Exercise (éksersaiz). Ejercicio.

Exercise (éksersaiz). Hacer ejercicio.

Exhale (ikséil). Exhalar.

Exhausted (igzá:stid). Exhausto

Exhibit (eksí:bit). Prueba instrumental

Existence (eksístens). Existencia.

Exit (éksit). Salida.

Expansion (ikspænshen). Expansión.

Expensive (ikspénsiv). Caro.

Experience (ikspí:riens). Experimentar.
Experience (íkspíriens). Experiencia.
Expert (ékspe:rt). Experto.
Explain (ikspléin). Explicar.
Extension (iksténshen). Número interno.
Extinction (ikstínkshen). Extinción.
Eye (ái). Ojo.
Eyebrow (áibrau). Ceja.
Eyelash (áilæsh). Pestaña.

F

Face (féis). Cara.
Facilitator (fesílitéire:r). Instructor.
Fact (fækt). Hecho.
Faculty (fækelti). Facultad
Fail (féil). Reprobar.
Fair (fer). Rubio.
Fall (fa:l). Caer.
Fall (fa:l). Caída.
Fall (fa:l). Otoño.
Fall behind (fa:l bijáind). Atrasarse.
Fall for (fa:l fo:r). Enamorarse
Fall out (fa:l áut). Caerse de un lugar
Family (fæmeli). Familia.
Family doctor (fæmeli dákte:r). Médico de cabecera.
Far (fa:r). Lejos.
Farmer (fá:rme:r). Granjero.
Fascinated (fæsineirid). Fascinado.

Fashion (fæshen). Moda
Fashionable (fæshenebel). A la moda.

Fasten (fæsen). Ajustarse.
Fat (fæt). Gordo.
Fat (fæt). Grasa.
Father (fá:de:r). Padre.
Favorite (féivrit). Favorito.
Fax machine (fæks meshín). Fax.
Fear (fír). Miedo.
February (fébru:eri). Febrero.
Feed (fi:d). Alimentar

Feel (fi:l). Sentir.
Feel down (fi:l dáun). Estar deprimido.
Feel like (fi:l láik).Tener ganas.
Feeling (fi:ling). Sentimiento.
Feet (fi:t). Pies.
Felony (féleni). Delito grave
Fender (fénde:r). Paragolpes.
Fever (five:r). Fiebre.
Fiancée (fi:a:nséi). Prometido.
Fiction (fíkshen). Ficción.
Field (fi:ld). Campo.
Fifteen (fiftí:n). Quince.
Fifth (fifz). Quinto.
Fifty (fífti). Cincuenta.
Fight (fáit). Lucha.
Fight (fáit). Luchar
Figure out (fíge:r áut). Comprender.
Figure out (fíge:r áut). Resolver.
Fill (fil). Llenar.
Fill in (fil in). Completar espacios en blanco.
Fill in (fil in). Completar.
Fill out (fil áut). Completar por escrito.
Fill up (fil ap). Llenar completamente

Final (fáinel). Final.
Finally (fáineli). Finalmente.
Find (fáind). Encontrar
Fine (fáin). Bien.
Fine (fáin). Multa.
Finger (fínge:r). Dedo de la mano.
Fire (fáir). Fuego.
Fire (fáir). Incendio
Fireman (fáirmen). Bombero

Fireperson (fáirpe:rsen). Bombero
Fireplace (fáirpleis). Estufa a leña.
Firewall (fáirwa:l). Filtro protector.
First (fe:rst). Primero.
Fish (fish). Pez.
Fishing (fishing). Pesca.
Fit (fit). Quedar bien (una prenda).
Five (fáiv). Cinco
Flame (fléim). Llama.
Flight (fláit). Vuelo.
Flight attendant (fláit aténdent). Azafata
Flood (flad). Inundación.
Floor (flo:r). Piso.
Florist (flo:rist). Florista
Flour (fla:er). Harina.
Flower (flaue:r). Flor.
Flu (flu:). Gripe
Fly (flái). Volar
Fly (flái). Mosca
Focus on (fóukes a:n). Concentrarse.
Fold (fóuld). Doblar.

Follow (fá:lou). Seguir.
Food (fud). Comida.
Foot (fut). Pie.
Football (fútba:l). Fútbol americano.

For (fo:r). Para.
Force (fo:rs). Forzar.
Force (fo:rs). Fuerza.
Forearm (fo:ra:rm). Antebrazo.
Forehead (fá:rid). Frente.
Foreign (fó:ren). Extranjero.
Foreman (fó:rmen). Capataz.
Forget (fegét). Olvidar.
Forgetful (fegétful). Olvidadizo.
Fork (fo:rk). Tenedor.
Form (fo:rm). Forma.
Formal (fó:rmel). Formal.
Forty (fó:ri). Cuarenta.
Four (fo:r). Cuatro
Fourteen (fo:rtí:n). Catorce.
Fourth (fo:rz). Cuarto.
Fox (fa:ks). Zorro.

Fraud (fro:d). Fraude.
Freckle (frékel) Peca.

Free time (frí: táim). Tiempo libre.
Freeway (frí:wei). Autopista
Freeze (fri:z). Congelar
Friday (fráidei). Viernes
Fridge (frish). Refrigerador.
Friend (frend) Amigo.
Friendly (fréndli). Cordial.
Friendship (fréndship). Amistad.
Frightened (fráitend). Asustado.
Frog (fra:g). Rana.
From (fra:m). De, desde.
Front (fra:nt). Frente.
Front desk (fra:nt desk). Recepcionista.
Front door (fra:nt do:r). Puerta de entrada.
Frost (fra:st). Helada
Frown (fráun). Fruncir el seño.
Frozen (fróuzen). Congelado
Fruit (fru:t). Fruta.
Frustrated (frastréirid). Frustrado.
Fry (frái). Freír.
Fun (fan). Entretenimiento.
Funny (fáni). Divertido.
Furious (fyé:ries). Furioso.
Furniture (fé:rnicher). Muebles

G

Gale (géil). Temporal.
Gallon (gǽlen). Galón.
Game (géim). Juego.
Garden (gá:rden). Jardín.
Gardener (gá:rdene:r). Jardinero.
Gardening (ga:rdening). Jardinería.
Garlic (ga:rlik). Ajo.
Garnish (ga:rnish). Decorar.
Gas (gæs). Gasolina.
Gas station (gæs stéishen). Gasolinera.

Gasoline (gǽselin). Gasolina.
Gear box (gir bá:ks). Caja de cambios.
Generally (shénereli). Generalmente.
Generous (shéneres). Generoso.
Get (get). Conseguir.
Get along with (get ela:ng). Llevarse
(bien o mal) con alguien.
Get away with (get ewéi wid). Salirse
con la suya.
Get back (get bæk). Regresar.
Get by (get bái). Arreglárselas.
Get divorced (get divo:rst). Divorciarse.
Get down to (get dáun tu:). Comenzar a
hacer algo seriamente
Get in (get in). Entrar en un automóvil.
Get married (get mérid). Casarse.

Get off (get a:f). Bajar de un transporte público.
Get on (get a:n). Subir a un transporte público.
Get out of (get áut ev). Salir de un automóvil.
Get over (get óuve:r). Recuperarse de
una enfermedad.
Get to (get tu:). Llegar.
Get together (get tegéde:r). Reunirse.
Get up (get ap). Levantarse de la cama.
Get. (get). Comprar.
Get. (get). Llegar.
Gift store (gift sto:r). Tienda de regalos.
Ginger (shi:nshe:r). Jengibre
Giraffe (shirá:f). Jirafa.
Girl (ge:rl). Muchacha.
Girlfriend (gé:rlfrend). Amiga.

Girlfriend (gé:rlfrend). Novia.

Give (giv). Dar.

Give back (giv bæk). Devolver.

Give in (giv in). Conceder.

Give up (giv ap). Darse por vencido.

Give up (giv ap). Aceptar.

Give up (giv ap). Dejar de hacer.

Glad (glæd). Contento.

Glass (glæs). Vidrio.

Glass (glæs).Vaso

Glasses (glǽsiz). Anteojos

Gloomy (glu:mi). Desalentado.

Glove (glav). Guante.

Go (góu). Ir

Go away (góu ewéi). Pedirle a alguien que se vaya.

Go back (góu bæk). Regresar.

Go down (góu dáun). Disminuir.

Go for (góu fo:r). Intentar lograr.

Go mad (góu mæd). Enojarse mucho.

Go off (góu a:f). Sonar (una alarma).

Go on (góu a:n). Continuar.

Go on (góu a:n). Ocurrir.

Go out (góu áut). Salir

Go through (góu zru:). Revisar.

Go through (góu zru:). Tener una experiencia difícil.

Go up (góu ap). Aumentar.

Go with (góu wid). Combinar.

Goat (góut). Cabra

Gold (góuld). Dorado.

Gold (góuld). Oro.

Golf (ga:lf).Golf.

Good (gud). Bueno.

Goose (gu:s). Ganso

Government (gáve:rnment). Gobierno.

Governor (gáve:rne:r). Gobernador.

Gram (græm). Gramo

Grandfather (grændfá:de:r). Abuelo.

Grandmother (grændmá:de:r). Abuela

Grandparents (grændpérents). Abuelos

Grape (gréip).uva

Graphic designer (grǽfik dizáine:r). Diseñador gráfico.

Grass (græs). Césped.

Grate (gréit). Rallar.

Gray (gréi). Gris.

Great (gréit). Fantástico.

Green (gri:n). Verde.

Greengrocer (gri:ngróuse:r). Verdulero

Grin (grin). Sonrisa.

Groceries (gróuseri:z). Productos de almacén

Groom (gru:m). Novio.

Group (gru:p). Grupo.

Grow (gróu). Crecer

Grow up (gróu ap). Criarse

Growth (gróuz). Crecimiento.

Guess (ges). Adivinar.

Guess (ges). Suponer.

Guest (gést). Huésped.

Guide (gáid). Guía.

Guilty (gílti). Culpable.

Gullible (gálibel). Crédulo.

Gun (gan). Arma.
Guy (gái). Chicos/chicas, gente.
Gym (shim). Gimnasia
Gym (shim). Gimnasio.
Gymnastics (shimnǽstiks). Gimnasia.

H

Hacksaw (jǽksa:). Sierra
Hair (jér). Pelo.
Hairdresser (jerdrése:r). Peluquero.
Hairstylist (jerstáilist). Peinador.
Half (ja:f). Medio.
Ham (jæm). Jamón
Hammer (jǽme:r).
Hand (jǽnd). Entregar.
Hand (jænd). Mano

Hand over (jænd óuve:r). Entregar algo que se ha ordenado o pedido.
Handkerchief (jænke:rchi:f). Pañuelo de bolsillo.
Hang (jæng). Colgar.
Hang around (jæng eráund). Vagar sin un fin específico.
Hang gliding (jængláiding). Aladeltismo.
Hang on (jæng a:n). Esperar
Hang up (jæng ap). Colgar el teléfono.
Happy (jǽpi). Feliz.
Harbor (já:rbe:r). Puerto
Hard (ja:rd). Difícil
Hard-working (já:rdwe:rking). Trabajador

Harmony (já:rmeni). Armonía.
Hat (jæt). Sombrero

Hate (jéit). Odiar
Have (jæv). Tener.
Have to(hæv te). Tener que.
Hazelnut (jéizelnat). Avellana.
He (ji:). Él.
Head (jed). Cabeza.
Head for (jed fo:r). Ir hacia un lugar.
Headache (jédeik). Dolor de cabeza.
Headlight (jédlait). Luz.
Headline (jédláin). Titular
Headmaster (jédmǽste:r). Director de una escuela.
Health (jélz). Salud
Hearing (jiring). Audición.
Hearing (jiring). Audiencia.
Heart attack (ha:rt etá:k). Infarto
Heart disease (há:rt dizí:z). Enfermedad del corazón.
Heat (ji:t). Calentar.
Heat (ji:t). Calor.
Heat up (ji:t ap).Calentar un alimento o una bebida
Heat wave (ji:t wéiv). Ola de calor.
Heavy (jévi). Gordo.
Heavy (jévi). Pesado.
Heel (ji:l). Taco.
Heel (ji:l). Talón.
Hello (jelóu). Hola
Help (jelp). Ayudar.
Help (jelp).ayuda.
Help out (jélp áut). Ayudar.

Hepatitis (jepetáiris). Hepatitis.

Her (je:r). La, le, a ella

Her (je:r). Su (de ella).

Herb (jérb). Hierba aromática

Here (jir). Aquí, acá.

Herring (jéring). Arenque.

Hers (je:rz). De ella.

Hi (jái). Hola

Hiccup (jíkap). Hipo.

High (jái). Alto.

High school (jái sku:l). Escuela secundaria.

Highway (jáiwei). Autopista.

Hiking (jáiking). Excursionismo.

Him (jim). Lo,le a él.

Hip (jip). Cadera.

Hire (jáir). Alquilar

Hire (jáir). Contratar

His (jiz). Su (de él).

History (jíste:ri). Historia.

Hobby (já:bi). Hobby.

Hockey (já:ki). Hockey.

Hole (jóul). Agujero.

Holiday (já:lidei). Feriado

Holiday (já:lidei). Vacaciones.

Home (jóum). Hogar.

Home appliances (jóum epláiens). Artefacto para el hogar.

Home page (jóum péish). Página de inicio.

Homemade (jóumméid). Casero.

Homesick (jóumsik). Nostalgioso.

Hometown (jóumtaun). Ciudad natal

Homework (jóumwe:k). Tareas del estudiante.

Homicide (já:mesáid). Homicidio.

Honest (á:nest). Honesto.

Honesty (á:nesti). Honestidad

Honor (á:ner). Honor

Hood (ju:d)). Capot.

Hope (jóup). Esperanza.

Hope (jóup). Esperar

Horror (jó:re:r). Horror.

Horse (jo:rs). Caballo.

Horse racing (jo:rs réising). Carrera de caballos.

Horseback riding (jó:rsbæk ráiding). Equitación.

Host (jóust). Anfitrión.

Host (jóust). Presentador

Hot (ja:t). Caliente

Hot (ja:t). Caluroso

Hotel (joutél). Hotel

Hour (áur). Hora.

House (jáuz). Casa.

Housekeeper (jáuz ki:pe:r). Ama de llaves.

How (jáu). ¿Cómo?

How far (jáu fa:r).¿A qué distancia?

How long (jáu la:ng).¿Cuánto tiempo?

How many (jáu méni).¿Cuántos?

How much (jáu mach).¿Cuánto?

How often? (jáu a:ften).¿Cuántas veces?

How old? (jáu óuld).¿Cuántos años?

Humor (jiu:me:r) Humor.

Hundred (já:ndred). Cien.

Hunting (jánting).Caza.

Hurricane (hárikéin). Huracán.

Hurricane hunter. (hárikéin hánte:r). Cazador de huracanes.

Hurt (he:rt). Doler.

Husband (jázbend). Esposo

Hymn (jim). Himno

Hypocrite (jípekrit). Hipócrita.

I

I (ái).Yo

I.D.card (ái di: ka:rd). Documento de identidad

Ice (áis). Hielo.

Ice cream (áis kri:m). Helado

Ice hockey (áis ja:ki). Hockey sobre hielo.

Ice hockey (áis já:ki). Hockey sobre hielo.

Ice skating (áis skéiting). Patinaje sobre hielo.

Ice skating (áis skéiting). Patinaje sobre hielo.

Iced tea (aís ti:). Té helado.

Idea (aidíe). Idea

Illness (ílnes). Enfermedad

Imaginative (imæshíneriv). Imaginativo.

Imagine (imǽshin). Imaginar

Immediate (imí:diet). Inmediato.

Immigration (imigréishen). Inmigración.

Impatient (impéishent). Impaciente.

Impolite (impeláit). Maleducado.

Important (impó:rtent). Importante

Improve (imprú:v). Mejorar

Impulse (ímpals). Impulso.

In (in).en.

In fact (in f ækt). De hecho.

In front of (in fran:t ev). Enfrente de

Inch (inch). Pulgada.

Income (ínkam). Ingreso.

Increase (inkrí:s). Aumentar.

Increase (ínkri:s). Aumento

Incredible (inkrédibel). Increíble

Indecisive (indisáisiv). Indeciso.

Indigent (índishent). Indigente

Indigestion (indishéschen). Indigestión

Industry (índestri). Industria

Inexpensive (inekspénsiv). Barato.

Information (infe:rméishen). Información

Infraction (infrǽkshen). Infracción.

Ingredient (ingri:dient). Ingrediente.

Inhale (injéil). Inhalar.

Injury (ínsheri). Herida.

Ink (ink). Tinta

Innocent (ínesent). Inocente

Insect (ínsekt). Insecto

Installment (instá:lment). Cuota

Instructor (instrákte:r). Instructor

Instrument (ínstrement). Instrumento

Insurance (inshó:rens). Seguro

Intelligent (intélishent). Inteligente

Interest (íntrest). Interés.
Interest rate (íntrest réit). Tasa de interés
Interesting (íntresting). Interesante
International (inte:rnǽshenel). Internacional
Internet (íne:rnet). Internet
Interpreter (inté:rprite:r). Intérprete
Intersection (íne:rsékshen). Cruce de calles
Interview (ínner:viu:). Entrevista

Into (íntu:). Dentro
Introduce (intredu:s). Presentar
Invent (invént). Inventar
Invention (invénshen). Invención.
Invitation (invitéishen). Invitación
Invite (inváit). Invitar
Iron (áiren). Hierro.
Iron (áiren). Planchar
Irresponsible (irispá:nsible). Irresponsable.
Irritated (íritéirid). Irritado.
It (it). Lo/le (a ello).
Itch (ich). Picar.
Its (its). Su (de animal, cosa o situación.).

J

Jacket (shǽkit). Chaqueta
Jail (shéil). Prisión
Jam (shǽm). Mermelada
January (shǽnyu:eri). Enero
Jar (sha:r). Frasco
Jaw (sha:). Mandíbula
Jealous (shéles) Celoso.

Jeans (shinz). Pantalones de jean
Jelly (shéli) jalea.
Jigsaw puzzle (shigsa: pázel) Rompecabezas
Job (sha:b). Trabajo
Jogging (sha:ging). Salir a correr.
Join (shoin). Unirse.
Joke (shóuk). Chiste, broma.
Judge (shash). Juez
Juice (shu:s). Jugo.

July (shelái). Julio
Jump (shamp). Saltar.
Jump (shamp). Salto.
June (shu:n). Junio
Juror (shu:re:r). Miembro del jurado
Jury (shu:ri). Jurado
Just (sha:st). Recién
Justice (shástis). Justicia

K

Karate (kerá:ri). Karate.
Keep away (ki:p ewái). Mantenerse alejado
Keep track of (ki:p trǽk ev). Controlar.
Keep up with (ki:p ap wid). Mantener el ritmo
Keep up with (ki:p ap wid). Mantenerse al día.
Key (ki:). Llave
Kick (kik). Patear.
Kick off (kik a:f). Comenzar.

Kid (kid). Niño, chico.
Kidnap (kidnǽp). Secuestrar.
Kidnapper (kidnǽpe:r). Secuestrador.
Kidnapping (kidnǽping). Secuestro.
Kill (kil). Matar
Killer (kile:r). Asesino.
Kilogram (kílegræm). Kilogramo
Kilometer (kilá:mire:r). Kilómetro
Kind (káind). Amable.
Kiss (kis). Besar.
Kitchen (kíchen). Cocina

Knee (ni:). Rodilla
Knife (náif). Cuchillo
Knitting (níting).Tejer.
Knock (na:k). Golpear repetidamente
Knock down (na:k dáun). Derribar.
Knock out (na:k áut). Golpear a alguien
hasta que se desvanece.
Knock out (na:k áut). Trabajar mucho.
Know (nóu). Conocer a alguien.
Know (nóu). Saber.
Knowledge (ná:lish). Knowledge

L

Labor (léibe:r). Laboral.
Labor (léibe:r). Trabajo de parto.
Lamb (læm). Cordero
Lamp (læmp). Lámpara
Land (lænd). Tierra.
Landlady (lændléidi). Locadora.
Landlord (lændlo:rd). Locador.

Lane (léin). Carril de una autopista
Language (lǽnguish). Idioma
Large (la:rsh). Grande
Last (læst). Último
Last name (læst néim). Apellido
Late (léit). Tarde
Laugh (læf). Reír
Laughter (lǽfte:r). Risa
Law (la:). Derecho.
Law (la:). Ley
Lawful (lá:fel). Legal.
Lawful (lá:fel). Legítimo.
Lawn (la:n). Césped
Lawyer (la:ye:r). Abogado.
Lay (léi). Colocar.
Lay off (léi a:f). Despedir del trabajo.
Lead (li:d). Liderar.
Learn (le:rn). Aprender.
Leather (léde:r). Cuero
Leave (li:v). Dejar
Leave (li:v). Partir
Left (left). Izquierda
Leg (leg). Pierna
Legal (lí:gel). Legal
Lemon (lémen). Limón
Lemonade (lémeneid). Limonada

Lend (lénd). Prestar
Less (les). Menos
Let down (let dáun). Desilusionar.
Letter (lére:r). Carta.
Letter (lére:r). Letra.

Lettuce (léres). Lechuga
Level (lével). Nivel
Lick (lik). Lamer
Lie (lái). Acostarse.
Lie (lái). Mentir.
Lie back (lái bæk). Recostarse.
Lie behind (lái bi:jáind). Subyacer.
Lie down (lái dáun). Acostarse.
Lifeguard (láifgá:rd). Guardavida.
Lift (lift). Levantar.
Light (láit). Luz.
Light blue (láit blu:). Celeste
Light brown (láit bráun). Castaño claro.
Light fixture (láit fiksche:r). Lámparas de techo.
Light-hearted (láit ja:rid). Alegre.
Lightning (láitning). Relámpago.
Like (láik). Como.
Like (láik). Gustar
Limit (límit). Límite
Line (láin). Fila.
Line (láin). Línea.
Lion (láien). León.
Liquid (líkwid). Liquido.
List (list). Lista
Listen (lísen).escuchar
Little (lírel). Pequeño
Live (liv). Vivir
Living room (líving ru:m). Sala de estar
Loan (lóun). Préstamo.
Lobby (lá:bi). Lobby
Lobster (lá:bste:r). Langosta.

Log in (la:g in). Comenzar sesión en un sitio de Internet
Log off (la:g a:f). Terminar sesión en sitio de Internet.
Log on (la:g a:n). Comenzar sesión en un sitio de Internet
Log out (la:g áut). Terminar sesión en un sitio de Internet.
Lonely (lóunli). Solitario
Long (lan:g). Largo
Look (luk). Mirar

Look after (luk æfte:r). Cuidar.
Look around (luk eráund). Recorrer
Look for (luk fo:r). Buscar
Look forward to (luk fó:rwe:rd tu:). Esperar ansiosamente
Look like (luk láik). Parecerse
Look up (luk ap). Buscar en un diccionario.
Look up to (luk ap tu:). Admirar.
Lose (lu:z). Perder
Loss (la:s). Pérdida.
Love (lav). Amar
Love (lav). Amor.
Love (lav). Encantar
Lover (lave:r) Amante.
Loveseat (lávsi:t). Sillón de dos cuerpos.
Low (lóu). Bajo
Low-fat (lóu fæt). Bajo contenido graso.
Loyal (lóiel). Leal.

Loyalty (lóielti). Lealtad.
Luck (lak). Suerte
Lucky (láki). Afortunado

M

Ma'am (mem). Señora.
Machine (meshín). Máquina
Mad (mæd). Furioso.
Madam (mǽdem). Señora
Magazine (mægezí:n). Revista.
Maid (méid). Empleada doméstica
Mail (méil). Correo
Mail (méil). Enviar por correo

Mailing list (méiling list). Lista de correo.
Mailman (méilmen). Cartero
Main (méin). Principal
Main dish (méin dish). Plato principal
Make (méik). Hacer.
Make (méik). Marca
Make off with (méik a:f wid).Robar
Make out (méikáut). Entender con
dificultad.
Make up (méik ap). Inventar una excusa.
Make up for (méik ap fo:r). Compensar
Make up with (meik ap wid). Amigarse
con alguien.
Man (mæn). Hombre
Manager (mǽnishe:r). Gerente.
Mango (mǽngou). Mango.
Manicurist (meníkiu:rist). Manicura

Manufacturer (mænyufǽkche:re:r).
Fabricante
March (ma:rch). Marzo
Marinade (mǽrineid). Marinar.
Mark (ma:rk). Nota.
Mark (ma:rk). Puntaje.
Market (má:rket). Mercado.
Marmalade (Má:rmeleid). Mermelada
Married (mérid).Casado.
Martial arts (má:rshel a:rts). Artes marciales.
Mass (mæs). Masa.
Mass (mæs). Misa
Mass media (mæs mi:die). Medios de
comunicación masiva.
Massage (mesá:sh). Masaje
Match (mæch). Combinar
Match (mæch). Partido
May (méi). Poder (para pedir permiso).
May (méi). Mayo
Mayor (méie:r). Alcalde.
Me (mi:). Me, a mí
Meal (mi:l). Comida
Mean (mi:n). Significar
Meaning (mi:ning). Significado
Measure (méshe:r) medida.
Measure(méshe:r). Medir.
Measurement (méshe:rment). Medida

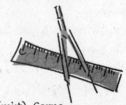

Meat (mi:t). Carne
Mechanic (mekǽnik). Mecánico
Media (mi:die). Medios de comunicación.
Medicine (médisen). Medicina.
Medium (mi:diem). Mediano

Medium (mí:diem). Medianamente cocida

Meet (mi:t). Conocer a alguien

Meet (mi:t). Encontrarse con alguien

Meeting (mí:ting). Reunión

Melon (mélen). Melón

Melt (mélt). Derretir.

Men(men). Hombres

Menu. (ményu:). Menú.

Mess (mes). Desorden

Message (mésish). Mensaje

Metal (mérel). Metal

Microwave oven (máikreweiv óuven). Horno a microondas

Mile (máil). Milla

Milk (milk). Leche.

Milk shake (milk shéik). Licuado.

Millimeter (mílimi:re:r). Milímetro

Million (mílien). Millón

Mince (míns) picar.

Mine (máin). Mío/a

Mirror (míre:r). Espejo

Miss (mis). Señorita

Mix (miks).Mezclar.

Mix up (miks ap). Desordenar.

Mix up (miks ap).Confundir.

Mixed (míkst). Mezclado.

Mixture (míksche:r). Mezcla

Model (má:del). Modelo

Mold (móuld). Moho.

Moment (móument). Momento

Monday (mándei). Lunes

Money (máni). Dinero.

Money order (máni ó:rde:r). Giro postal

Money Transfer (máni trænsfe:r). Transferencias de dinero

Monkey (mánkei). Mono.

Month (mánz). Mes

Monthly payment (mánzli péiment). Pago mensual

Mood (mu:d). Estado de ánimo.

Moon (mu:n). Luna

More (mo:r). Más

Morning (mo:rning). Mañana

Mortgage (mo:rgish). Hipoteca

Mosquito (meskí:reu). Mosquito.

Mother (máde:r).madre

Motorboat (móure:rbout). Lancha.

Mountaineering (maunteníring). Alpinismo.

Mouse (máus). Ratón

Moustache (mástæsh). Bigote.

Mouth (máuz). Boca

Move (mu:v). Mover

Move (mu:v). Mudarse.

Move away (mu:v ewái). Mudarse.

Move in (mu:v in). Vivir en un lugar nuevo.

Move out (mu:v áut). Salir del paso

Movement (mu:vment). Movimiento.

Movie (mu:vi). Película

Mr. (míste:r). Señor.

Mrs. (mísiz). Señora.

Ms. (mez). Señora o señorita. .

Mug (mag). Asaltar.

Mug (mag). Tazón.

Mugger (máge:r). Asaltante.
Mumps (mámps). Paperas
Murder (mé:rde:r). Asesinar.
Murder (mé:rde:r). Asesinato.
Murderer (mé:rdere:r). Asesino.
Muscle (másel). Músculo
Museum (myu:ziem). Museo
Mushroom (máshru:m). Hongo
Music (myu:zik). Música
Must (mast). Deber, estar obligado a.
My (mái). Mi
Mystery (místeri). Misterio.

N

Nail (néil). Clavo
Nail (néil). Uña.
Name (néim). Nombrar.
Name (néim). Nombre
Name after (néim á:fte:r). Ponerle el
nombre de un familiar.
Nanny (næni). Niñera
Nation (néishen). Nación
Nationalities (næshenæliri). Nacionalidad.
Naturalization (næchera:laizéishen).
Naturalización.
Nature (néiche:r). Naturaleza.
Navigate (nævigéit). Navegar.

Navy blue (néivi blu:). Azul marino.
Near (nir). Cerca
Necessary (néseseri). Necesario

Neck (nek). Cuello
Need (ni:d). Necesitar
Neither... nor (ní:de:r/náide:r...no:r) Ni...ni
Nephew (néfyu:). Sobrino
Nervous (nérves). Nervioso.
Network (nétwe:rk). Red.
Never (néve:r). Nunca
New (nu:). Nuevo
New Year (nu: yir). Año Nuevo
News (nu:z). Noticias
Newspaper (nu:spéiper). Diario

Next (nékst). Próximo
Next to (neks te). Al lado de
Nice (náis). Agradable
Nickel (níkel). Cinco centavos de dólar
Niece (ni:s). Sobrina
Night (náit). Noche
Nightstand (náitstænd). Mesita de noche.
Nine (náin). Nueve
Nineteen (naintí:n). Diecinueve
Ninety (náinri). Noventa
Ninth (náinz). Noveno
Noise (nóiz). Ruido
Non-alcoholic (na:n elkejóulik). Sin alcohol.
Nonresident (na:nrézident). No residente.
Nose (nóuz). Nariz
Nostrils (ná:strils). Fosas nasales.
Notary (nóure:ri). Notario
Nothing (názing). Nada
Notify (nóurefái). Notificar.
November (nouvémbe:r). Noviembre

Nurse (ners).enfermera
Nut (nat). Tuerca
Nutmeg (nátmeg). Nuez moscada.
Nutritious (nu:tríshes). Nutritivo

O

O.K. (óu kéi). De acuerdo
O.K. (óu kéi). Muy bien.
O.T.C (óu ti: si:). Medicinas de venta libre.
O'clock (eklá:k). En punto
Oath (óuz). Juramento.
Obese (oubí:s). Obeso.
Obesity (oubí:se:ri). Obesidad
October (a:któube:r). Octubre
Octopus (ektá:pes). Pulpo.

Of (ev). De
Offer (á:fe:r). Oferta
Office (á:fis). Oficina
Office clerk (a:fis kle:rk). Empleado de oficina
Official (efíshel). Oficial
Often (á:ften). A menudo
Oil (óil). Aceite
Old (óuld). Viejo.
On (a:n). Sobre
On bail (a:n béil). Libertad bajo fianza
On parole (a:n peróul). Libertad bajo palabra
On probation (a:n proubéishen). Libertad condicional

On sale (a:n séil). En liquidación.
Once (uáns). Una vez
One (wan). El de/la de
Onion (á:nyon). Cebolla
Only (óunli). Solamente
Open (óupen). Abrir
Operate (á:pereit). Operar
Opportunity (epertú:neri). Oportunidad
Optimistic (a:ptimístik). Optimista.
Option (á:pshen). Opción
Or (o:r). O
Orange (á:rinsh). Anaranjado
Orange (á:rinsh). Naranja
Order (á:rde:r). Ordenar
Oregano (o:régene). Orégano
Organic (o:rgænik). Orgánico.
Other (á:de:r). Otro
Ounce (áuns). Onza
Our (áuer). Nuestro.
Ours (áuers). Nuestro.
Out (áut). Afuera
Outgoing (autgóuing). Extrovertido.
Outside (autsáid). Afuera
Oven (óuven). Horno
Over (óuve:r). Por encima
Over there (óuve:r der). Por allá
Overcoat (óuve:rkout). Sobretodo.
Overdraft (óuverdraft). Sobregiro
Overweight (óuverweit). Excedido en peso
Oyster (óiste:r). Ostra

P

P. M (pi: em). Después del mediodía.
Pack (pæk). Paquete
Package (pækish). Paquete

Packaging (pǽkeshing). Embalaje
Page (péish). Página.
Painful (péinfel). Doloroso
Painless (péinless). Indoloro
Paint (péint). Pintar
Painting (péinting). Pintura.
Pair (per). Par
Pajamas (pishǽ:mez). Pijama.
Pale (péil). Pálido.
Palm (pa:lm). Palma.
Pancake (pǽnkeik). Panqueques.
Pants (pænts). Pantalones largos
Paper (péipe:r). Papel
Parachute (péreshu:t) paracaídas.
Parachuting (pereshú:ting). Paracaidismo.
Parents (pérents). Padres.
Park (pa:rk). Aparcar
Park (pa:rk). Parque
Park ranger (pa:rk réinshe:r). Guardaparques
Parking brake (pa:rking bréik). Freno de manos
Parking lot (pa:rking lot). Parqueo
Parrot (péret). Loro
Parsley (pá:rslei). Perejil
Part-time (pa:rt táim). Media jornada.
Party (pá:ri). Fiesta

Party (pá:ri). Partido político.
Pasar (pæs). Pasar (dar).
Pass (pæs). Aprobar
Pass (pæs). Pasar (atravesar).

Pass (pæs). Pasar (transcurrir).
Pass away (pæs ewéi). Morir
Pass by (pæs bái). Pasar por un lugar sin detenerse demasiado.
Pass on (pæs a:n). Evitar hacer algo.
Pass out (pæs áut). Desmayarse
Passport (pǽspo:rt). Pasaporte

Password (pǽswe:rd). Contraseña
Pasta (pǽste). Pasta
Patient (péishent). Paciente
Pay (péi). Pagar
Pay back (péi bǽk). Devolver dinero.
Pay for (péi fo:r). Pagar las consecuencias.
Pay off (péi a:f). Resultar beneficioso
Pea (pi:). Arveja
Peach (pi:ch). Melocotón.
Peacock (pí:ka:k). Pavo real.
Peanut (pí:nat). Maní.
Peanut butter (pí:nat báre:r). Manteca de maní.
Pear (pér). Pera
Pedestrian (pedéstrien). Peatón
Pelvis (pélvis). Pelvis.
Pen (pen). Bolígrafo
Penalty fee (pénalti fi:). Multa.
Pencil (pénsil). Lápiz
Penny (péni). Un centavo de dólar
People (pí:pel). Gente
Pepper (pépe:r). Pimienta
Pepper (pépe:r). Pimiento
Per (per). Por
Perfect (pé:rfekt). Perfecto

Perfectly (pé:rfektli). Perfectamente
Permanent (pérmenent). Permanente.
Permit (pé:rmit). Permiso
Person (pé:rsen). Persona
Personal assistant (pé:rsenel asístent). Asistente personal
Pessimistic (pesimístik). Pesimista.
Pet (pet). Mascota.
Pharmacist (fá:rmesist). Farmacéutico
Philosophy (filá:sefi). Filosofía.
Phone (fóun). Teléfono.
Phone card. (fóun ka:rd). Tarjeta telefónica.
Photo(fóure). Foto.
Photocopier (fóureka:pie:r). Fotocopiadora.
Photograph (fóuregræf). Fotografía.
Photographer (fetá:grefe:r). Fotógrafo.
Photography (foutóugrefi). Fotografía.

Physical (físikel). Física.
Physician (fizíshen). Médico
Pick at (pik æt). Comer muy poco.
Pick out (pik áut). Elegir.
Pick up (pik ap). Pasar a buscar.
Pick up (pik ap). Recoger
Picture (píkche:r). Cuadro
Picture (píkche:r). Foto.
Pie (pái). Pastel.
Piece (pi:s). Porción
Pig (pig). Cerdo
Pigeon (pí:shen). Paloma.
Pillow (pílou). Almohada.
Pilot (páilet). Piloto
Pineapple (páinæpl). Piña

Ping Pong (ping pa:ng).Tenis de mesa.
Pink (pink). Rosa
Place (pléis). Lugar
Plaintiff (pléintif). Demandante
Plan (plæn). Planificar
Plan (plæn). Plano
Plan on (plæn a:n). Planear.
Plane (pléin). Avión
Play (pléi). Jugar

Play back (pléi bæk). Repetir algo grabado.
Play down (pléi dáun). Quitar importancia.
Play off (pléi a:f). Jugar eliminatorias.
Play station (pléi stéishen). Juegos electrónicos.
Play up (pléi ap). Dar importancia.
Player (pléie:r). Jugador
Pleasure(pléshe:r). Placer
Plug (plag). Enchufe
Plum (plam). Ciruela.
Plumber (pláme:r). Plomero
Poach (póuch). Cocinar a baño María.
Point (póint). Señalar
Poison (póisen). Envenenar.
Poison (póisen). Veneno
Pole (póul). Poste.
Police (pelí:s). Policía
Policy (pá:lesi). Póliza
Polite (peláit). Cortés.
Politician (pa:letíshen). Político
Politics (pá:letiks). Política.
Poll (póul). Encuesta.
Pollution (pelú:shen). Polución.

Polo (póulou). Polo.

Pool (pu:l). Billar Americano.

Poor (pur). Pobre.

Popular (pa:pyu:le:r). Popular

Pork (po:rk). Cerdo

Port (po:rt) Puerto.

Post office (póust á:fis). Oficina de correos

Postman (póustmen). Cartero

Potato (petéirou). Papa

Pottery (pá:reri). Cerámica.

Pound (páund). Libra

Pour (po:r). Verter

Powerful (páue:rfel). Poderoso.

Prawn (pra:n). Langostino.

Prefer (prifé:r). Preferir

Preheat (pri:ji:t). Precalentar.

Prepaid (pripéd). Prepaga.

Prepare (pripé:r). Preparar

Prescription (preskrípshen). Receta médica

President (prézident). Presidente

Press (prés). Prensa

Press (prés). Presionar.

Pretty (príri). Bonito

Pretty (príri). Muy

Price (práis). Precio

Primary school (práime:ri sku:l). Escuela primaria.

Printer (príne:r). Impresora

Priority (praió:reri). Prioridad.

Prison (prí:sen). Prisión

Problem (prá:blem). Problema

Procedure (presí:she:r). Procedimiento.

Product (prá:dekt). Producto.

Profession (preféshen). Profesión

Professional (preféshenel). Profesionales.

Programmer (prougræme:r). Programador

Promise (prá:mis). Prometer.

Prosecutor (prá:sikyú:re:r). Fiscal

Protection (pretékshen). Protección

Proud (práud). Orgulloso.

Provide (preváid). Proveer.

Provide for (preváid for:) Mantener económicamente.

Provider (preváide:r). Proveedor.

Psychiatrist (saikáietrist). Psiquiatra.

Psychology (saiká:leshi). Psicología.

Pull (pul). Tire

Pulse (pa:ls). Pulso.

Pumpkin (pá:mpkin). Calabaza.

Purchaser (pe:rché:ser). Comprador.

Push (push). Empujar.

Push (push). Empuje

Put (put). Poner

Put aside (put esáid). Separar para un uso específico.

Put away (put ewéi). Guardar.

Put back (put bæk). Poner en su lugar.

Put down (put dáun). Apoyar en el piso.

Put down (put dáun). Bajar.

Put off (put a:f). Postergar.

Put on (put a:n). Aumentar.

Put on (put a:n). Ponerse la ropa

Put out (put áut). Apagar algo encendido.
Put up (pik ap). Levantar
Put up (put ap).Construir.
Put up with (put ap wid). Tolerar.
Puzzled (pá:zeld). Perplejo.

Q

Quarter (kuá:re:r). Veinticinco centavos de dólar
Question (kuéschen). Pregunta
Quick (kuík). Rápido.
Quite (kuáit). Bastante

R

Rabbit (ræbit). Conejo.
Radiation (reidiéishen). Radiación
Radiator (réidieire:r). Radiador
Radio (réidiou). Radio
Radioactivity (reidioæktíveri). Radioactividad.
Rain (réin). Lluvia
Raincoat (réinkout). Impermeable
Rainy (réini). Lluvioso
Raise (réiz). Levantar
Rape (réip). Violación (ataque sexual).
Rapist (réipist).Violador.
Rare (rer). Cocción jugosa.
Rarely (ré:rli). Raramente
Raspberry (ræspberi). Frambuesa.
Rate (réit). Tarifa.
Read (ri:d). Leer.

Ready (rédi). Listo
Really (ríeli). Realmente
Reapply (ri:eplái). Volver a solicitar.
Receive (risí:v). Recibir.
Receiver (risépte:r).Receptor.
Receptionist (risépshenist). Recepcionista
Recipe (résipi). Receta.
Recommend (rekeménd). Recomendar.
Rectangular (rektængyu:le:r). Rectangular
Recycle (risáikel). Reciclar.
Red (red). Rojo.
Red wine (red wáin). Vino tinto.
Red-haired (red jerd). Pelirrojo.
Reduce (ridú:s). Reducir.
Re-entry (riéntri). Reingreso.
Reference (réferens). Referencia.
Referral (riférel). Recomendación.
Refill (rifíl). Recargar.
Refrigerator (rifríshe:reire:r). Refrigerador

Refugee (réfyu:shi:). Refugiado.
Refund (rífand). Reembolso
Regular (régyu:ler). Regular
Regulation (regyu:léishen). Reglas
Relation (riléishen). Relación
Relationship (riléishenship). Relación.
Relax (riláeks). Descansar
Relaxed (riláekst). Relajado.
Relaxing (riláeksing). Relajado
Reliable (riláiebel). Confiable

Relieved (rili:vd). Aliviado.
Religion (rilí:shen). Religión.
Reluctant (riláktent). Reticente.
Remember (rimémbe:r). Recordar
Remind (rimáind). Hacer acordar.
Remote control (rimóut kentróul).
Control remoto.
Rent (rent). Rentar
Repeat (ripí:t). Repetir
Reporter (ripó:re:r). Reportero

Republic (ripáblik). República.
Requirement (rikuáirment). Requisito
Reschedule (riskéshu:l). Reprogramar.
Resentful (riséntfel). Resentido.
Reservation (reze:rvéishen). Reserva.
Resident (rézident). Residente
Responsible (rispá:nsibel). Responsable
Rest (rest). Saldo
Restaurant (résteren). Restaurante.
Résumé (résyu:mei). Currículum vitae.
Retire (ritáir). Jubilarse.
Retirement (ritáirment). Jubilación.
Return (rité:rn). Devolver.
Review (riviú:). Revisión.
Rib (rib). Costillitas.
Rice (ráis). Arroz
Riddle (rídel). Adivinanza.
Ride (ráid). Andar en bicicleta o a caballo
Ride (ráid). Paseo.
Right (ráit). Correcto.

Right (ráit). Derecha.
Right here (ráit jir). Aquí mismo
Right now (ráit náu). Ahora mismo
Ring (ring). Anillo.
Ring (ring). Sonar
River (ríve:r). Río

Road (róud). Camino
Roast (róust). Cocinar al horno.
Robber (rá:be:r). Ladrón.
Robbery (rá:beri). Robo.
Rocker (rá:ke:r). Mecedora.
Roll (róul). Panecillo.
Romance (róumens). Romance.
Roof (ru:f). Techo.
Room (ru:m). Habitación
Roommate (rú:mmeit). Compañero de cuarto.
Rosé wine (rouzéi wáin). Vino rosado.
Rosemary (róuzmeri). Romero.
Round (ráund). Redondo
Rowing (róuing). Remo.
Rude (ru:d). Maleducado.
Rug (rág). Alfombra pequeña
Rugby (rágbi). Rugby
Rum (ram). Ron
Run (ran). Correr
Run away (ran ewéi). Escapar
Run into (ran intu:). Encontrarse con
alguien por casualidad.
Run out of (ran áut ev). Acabarse.
Run over (ran óuve:r). Atropellar
Ruthless (ru:zles). Cruel.

S

Sad (sæd). Triste

Safe (séif). Caja de seguridad.

Safe (séif). Seguro.

Saffron (sǽren). Azafrán

Sailing (séiling). Navegación a vela.

Salad (sǽled). Ensalada de verduras

Salesclerk (séilskle:k). Vendedor.

Salesperson (séilspe:rsen). Vendedor.

Salmon (sǽlmen). Salmón

Salt (sa:lt). Sal

Sardine (sá:rdain). Sardina.

Satellite (sǽtelait). Satélite

Satellite dish (sǽtelait dish). Antena satelital

Satisfied (sǽrisfáid). Satisfecho.

Saturday (sǽre:rdei). Sábado

Save (séiv). Ahorrar

Save (séiv). Salvar

Savings account (séivingz ekáunt). Cuenta de ahorros

Saw (sa:). Serrucho

Say (séi). Decir

Scaffold (skǽfeld). Andamio.

Scale (skéil). Balanza

Scam (skæm). Fraude informático.

Scanner (skǽne:r). Escáner

Scarf (ska:rf). Bufanda

School (sku:l). Escuela

Science (sáiens). Ciencia.

Science fiction (sáiens fíkshen). Ciencia ficción.

Scissors (sí:ze:rs). Tijera.

Scratch (skrǽch). Rascar.

Screw (skru:). Atornillar.

Screw driver (skru: dráive:r). Destornillador.

Screw up (skru: ap). Arruinar.

Sea (si:). Mar

Seafood (sí:fud). Frutos del mar

Seal (si:l). Sellar.

Seal (si:l). Sello.

Sear (sir). Freír con fuego fuerte.

Search (se:rch). Buscar.

Season (sí:zen). Estación del año.

Season (sí:zen). Temporada.

Seat (si:t). Asiento

Second (sékend). Segundo

Secondary school (sékende:ri sku:l). Escuela secundaria.

Secretary (sékrete:ri). Secretaria

Security guard (sekyú:riti ga:rd). Guardia de seguridad

See (si:). Ver

See out (si: áut). Acompañar a alguien hasta la puerta.

See through (si: zru:). Continuar con algo hasta el final.

See to (si: tu:). Encargarse de algo.

Seem (si:m). Parecer

Selective (siléktiv). Selectivo.

Self-centered (self séne:rd). Egocéntrico.

Self-confident (self ka:nfident). Seguro de sí mismo.

Self-conscious (self ká:nshes). Inseguro.

Selfish (sélfish).Egoísta.

Sell (sel). Vender

Sell out (sel aút).Vender hasta agotar.

Seller (séle:r).Vendedor.

Send (sénd). Enviar.

Sender (sénde:r). Remitente.

Sense (séns). Sentido

Sensible (sénsibel). Sensato.

Sensitive (sénsitiv). Sensible.

Separate (sépe:reit). Separar.

September (septémbe:r). Septiembre

Serve (se:rv). Servir

Service (sé:rvis). Servicios

Set in (set in). Comenzar

Set off (set a:f). Hacer explotar

Set off (set a:f). Salir de viaje

Set out (set áut). Llevar a cabo.

Set up (set ap) Establecer.

Settle (sérl). Establecerse en un lugar.

Settle (sérl). Ponerse cómodo.

Settle down (sérl dáun). Calmarse.

Settle up (sérl ap). Pagar las deudas.

Seven (séven). Siete

Seventeen (seventí:n). Diecisiete

Seventh (sévenz). Séptimo

Seventy (séventi). Setenta

Sew (sóu). Coser

Sex (séks). Sexo.

Shabby (shǽbi). Desprolijo.

Shake hands (shéik jændz). Dar la mano

Shark (sha:rk). Tiburón.

Shaving lotion (shéiving lóushen).

Loción para afeitar

She (shi:). Ella

Sheep (shi:p). Oveja

Sheet (shi:t). Hoja de papel.

Sheet (shi:t). Sábana.

Shelf (shelf). Estante.

Sherry (shéri). Jerez

Shine (sháin). Brillar

Ship (ship). Barco.

Ship (ship). Enviar.

Shipment (shipment). Envío.

Shirt (shé:rt). Camisa

Shiver (shíve:r). Tiritar.

Shocked (sha:kt). Conmocionado.

Shoe (shu:). Zapato

Shop around (sha:p eráund). Salir de compras.

Shoplifter (shá:plifte:r). Ladrón de tiendas.

Shoplifting (shá:plifting). Hurto en tiendas.

Shopping (shá:ping). Compras

Shopping center (sha:ping séne:r). Centro comercial.

Shopping list (shá:ping list). Lista de compras

Short (sho:rt). Bajo.

Short (sho:rt). Corto.

Shorten (sho:rten). Acortar.

Shorts (sho:rts). Pantalones cortos

Short-sighted (sho:rt sáirid). Corto de vista.

Should (shud). Deber (para dar consejos).

Shoulder (shóulde:r). Hombro

Show (shóu). Espectáculo

Show (shóu). Mostrar

Show around (shóu eráund). Mostrar un lugar.

Show off (shóu a:f). Jactarse.

Show up (shóu ap). Llegar.

Shrimp (shrimp). Camarón.

Shut (shat). Cerrar

Shut up (shat ap). Callarse

Shy (shái). Tímido.

Sick (sik). Enfermo

Sideburn (sáidbe:rn). Patilla.

Sift (sift). Tamizar.

Sigh (sái). Suspirar.

Sight (sáit). Vista

Sign (sáin). Firmar

Sign up (sáin ap). Registrarse.

Simmer (síme:r). Cocinar con líquido.

Since (sins). Desde

Sing (sing). Cantar

Singer (sínge:r). Cantante

Sir (se:r). Señor

Sister (síste:r). Hermana

Sit (sit). Sentarse

Sitcom (sítkam). Comedia

Site (sáit). Sitio.

Six (síks). Seis

Sixteen (sikstí:n). Dieciséis

Sixth (síksz).sexto

Sixty (síksti). Sesenta

Size (sáiz). Talla

Skate (skéit). Patinar.

Skating (skéiring). Patinaje.

Skeptical (sképtikel). Escéptico.

Ski (ski:). Esquiar.

Skiing (ski:). Esquí sobre nieve.

Skill (skil). Habilidad

Skim milk (skim milk). Leche descremada.

Skin (skin). Piel

Skin care (skín ker).cuidado de la piel.

Skinny (skíni). Muy flaco.

Skirt (ske:rt). Falda

Skull (skal). Cráneo.

Sky (skái). Cielo

Sledgehammer (sléshjæme:r). Maza

Sleep (sli:p). Dormir

Sleeve (sli:v). Manga.

Slim (slim). Delgado.

Slipper (slipe:r). Pantufla.

Slow down (slóu dáun). Disminuir el nivel de actividad.

Slow down (slóu dáun). Disminuir la marcha.

Slowly (slóuli). Lentamente

Small (sma:l). Pequeño

Smart (sma:rt). Inteligente.

Smelly (sméli). Oloroso.

Smog (sma:g). Smog

Smoke (smóuk). Fumar

Snail (snéil). Caracol

Snap (snæp). Chasquear los dedos.

Snap up (snæp ap). Comprar algo hasta que se agote.

Sneaker (sni:ke:r). Zapato tenis.

Sneeze (sni:z). Estornudar

Snore (sno:r). Roncar

Snow (snóu). Nieve

Snowy (snóui). Nevoso

So (sóu). Así, de esta manera

So (sóu). Por lo tanto,

Soap (sóup). Jabón

Soccer (sá:ke:r). Fútbol.

Social (sóushel). Social

Society (sesáieri). Sociedad

Socket (sá:kit). Tomacorriente

Socks (sa:ks). Calcetines

Soda (sóude). Refresco

Sofa (sóufe). Sofá.

Soft drink (sa:ft drink). Bebida sin alcohol.

Solar energy (sóule:r éne:rshi). Energía solar.

Sold (sóuld). Vendido

Soldier (sóulshe:r). Soldado

Sole (sóul). Lenguado

Sole (sóul). Planta del pie.

Somebody (sámba:di). Alguien.

Someone (sámuen). Alguien.

Something (sámzing). Algo

Sometimes (sámtaimz). A veces

Son (san). Hijo

Song (sa:ng). Canción.

Soon (su:n). Pronto

Sop by (sta:p bái). Pasar por un lugar por un corto período.

Sore (so:r). Dolorido.

Sore throat (so:r zróut). Dolor de garganta

Sound (sáund). Sonar

Soup (su:p). Sopa.

Space (spéis). Espacio

Spam (spæm). Correo basura.

Speak (spi:k). Hablar

Special (spéshel). Especial

Speed (Spi:d). Moverse velozmente.

Speed (spi:d). Velocidad

Speed up (spi:d ap). Acelerar.

Spell (spel). Deletrear

Spend (spénd). Gastar dinero

Spice (spáis). Especia

Spinster (spínste:r). Solterona.

Spit out (spit áut). Contar

Spit up (spit ap). Vomitar (un bebé).

Sport (spo:rt). Deporte.

Sportswear (spo:rtswer). Ropa deportiva.

Spread (spréd). Dispersar.

Spread (spréd). Untar.

Spring (spring). Primavera

Sprinkle (srínkel). Espolvorear.

Spruce up (spru:s ap). Arreglar un lugar; arreglarse una persona.

Spyware (spáiwer). Software espía.

Square(skwér). Cuadrado

Squid (skwíd). Calamar.

Stair (stér). Escalera.

Stamp (stæmp). Estampilla.

Stand (stænd) Pararse.

Stand by (stænd). Apoyar a alguien.

Start (sta:rt). Comenzar

Starter (stá:re:r). Entrada

State (stéit). Estado

Station (stéishen). Estación
Stay (stéi). Estadía
Stay (stéi). Hospedarse
Stay (stéi). Quedarse.
Stay up (stéi ap). Quedarse levantado.
Steak (stéik). Filete.
Steal (sti:l). Robar.
Steam (sti:m). Vapor.
Steering wheel (stiring wi:l). Volante
Still (stil). Aún.
Still (stil). Todavía
Stir (ste:r). Revolver.
Stocky (sta:ki). Robusto.
Stomachache (stá:mekeik). Dolor de estómago
Stool (stu:l). Banqueta.
Stop (sta:p). Parar.
Stop by (sta:p bái). Visitar por un corto período.
Store (sto:r). Tienda.

Stove (stóuv). Cocina.
Straight (stréit). Derecho.
Straight (stréit). Lacio.
Straight-forward (stréit fó:rwe:rd). Derecho.
Straight-forward (stréit fó:rwe:rd). Frontal..
Stranger (stréinshe:r). Desconocido.
Strawberries (strá:beri). Fresas
Street (stri:t). Calle
String beans (string bi:ns). Chauchas.
Stubborn (stábe:rn). Terco.
Student (stú:dent). Estudiante
Study (stádi). Estudiar

Stuff (staf). Cosas por el estilo.
Stuff (staf). Rellenar.
Stuffed (stáft). Relleno.
Style (stáil). Estilo
Subject (sábshekt). Asunto
Subject (sábshekt). Materia
Subway (sábwei). Subterráneo.
Suck (sak). Chupar.
Suffer (sáfe:r). Sufrir
Sugar (shúge:r). Azúcar

Suggest (seshést). Sugerir
Suit (su:t). Quedar bien (una prenda).
Suit (su:t). Traje
Suitcase (sú:tkeis). Maleta
Summer (sáme:r). Verano
Sun (sán). Sol
Sunday (sándei). Domingo
Sunglasses (sánglæsiz). Anteojos de sol.
Sunny (sáni). Soleado
Supermarket (su:pe:rmá:rket).
Supermercado
Supplement (sáplement). Suplemento.
Support (sepo:rt). Apoyo.
Support (sepo:rt). Sustento.
Suppose (sepóuz). Suponer
Surf (se:rf). Navegar
Surprise (se:rpráiz). Sorpresa
Surprised (se:rpráizd). Sorprendido.
Suspect (sákspekt). Sospechoso.
Swallow (swálou). Tragar.
Swear (swer). Jurar.
Sweat (swet). Transpirar.

Sweater (suére:r). Suéter
Sweep (swi:p). Barrer
Sweet (swi:t). Dulce
Sweet potato (swi:t petéirou). Batata.
Swell (swél). Hincharse.
Swim (swim). Nadar
Swimming (swíming). Natación.
Swimming pool (swíming pu:l). Piscina
Sympathetic (simpezérik). Comprensivo.

T

T -shirt (ti: shé:rt). Camiseta
Table (téibel). Mesa
Table tennis (téibel ténis). Tenis de mesa.
Tactless (tæktles). Sin tacto.
Tail (téil).cola (de un animal).
Tailor (téile:r). Sastre
Take (téik). Llevar
Take (téik). Tardar
Take (téik). Tomar.
Take after (téik a:fte:r). Parecerse a un familiar.
Take away (téik ewéi). Quitar.
Take off (téik off). Levantar vuelo.
Take off (téik a:f). Quitarse la ropa.
Take out (téik áut). Obtener un préstamo.
Take out (téik áut). Quitar
Take out (téik áut). Sacar dinero de un banco
Take up (téik ap). Comenzar un hobby.
Take-out food (téik áut fu:d). Comida para llevar.
Talk (ta:k). Conversar.
Talk into (ta:k intu:). Convencer a alguien de que haga algo.
Talk out of (ta:k áut ev). Convencer a alguien de que no haga algo.

Talk show (ta:k shóu). Programa de entrevistas.
Tall (ta:l). Alto
Tangerine (tænsheri:n). Mandarina.
Target shooting (tá:rget shú:ring). Tiro al blanco.
Taste (téist). Gusto
Taste (téist). Probar comida.
Tax (tæks). Impuesto
Taxi (tæksi). Taxi
Taxi driver (tæksi dráive:r). Conductor de taxi
Tea (ti:). Té

Teach (ti:ch). Enseñar
Teacher (tí:che:r). Maestro.
Teacher (tí:che:r). Profesor
Tear (ter). Rasgar.
Tear (tir). Lágrima.
Tear apart (ter epá:rt). Destruir una construcción.
Tear up (ter ap). Rasgar.
Technical (téknikel). Técnico.
Technician (tekníshen). Técnico.
Teeth (ti:z). Dientes
Telephone (télefóun). Teléfono.
Telephone operator (télefóun a:peréire:r). Telefonista
Television (télevishen). Televisor
Tell (tel). Decir.
Temperature (témpriche:r). Temperatura
Temple (témpel). Sien.

Ten (ten). Diez
Tennis (ténis). Tenis
Tennis shoes (ténis shu:z). Zapatos tenis
Tenth (tenz). Décimo
Terrace (téres). Terraza.
Terrible (téribel). Terrible.
Terrified (térefaid). Aterrorizado.

Test drive (test dráiv). Vuelta de prueba
That (dæt). Esa, ese, eso, aquella, aquel, aquello.
The (de). El, la, las, los.
Theater (zíe:re:r). Teatro
Theft (zeft). Robo.
Their (der). Su (de ellos/as).
Theirs (derz). Suyo/a.
Them (dem). Les, las, los, a ellos/as
Then (den). Entonces
Then (den). Luego.
There (der). Allá, allí
There are (der a:r). Hay (pl.).
There is (der iz). Hay (sing.)
These (di:z). Estas/estos
They (déi). Ellos/as
Thicken (zíken).Espesar.
Thief (zi:f).Ladrón.
Thigh (zái). Muslo.
Thing (zing). Cosa
Think (zink). Pensar
Think over (zink óuve:r). Pensar cuidadosamente.
Third (zerd). Tercero
Thirteen (ze:rtí:n). Trece

Thirty (zé:ri). Treinta
This (dis). Esta/este/esto
Those (dóuz). Esas/os, aquellas/os
Thousand (záunsend). Mil
Threat (zret). Amenaza.
Three(zri:). Tres
Thriller (zrile:r). Suspenso.
Throat (zróut). Garganta.
Through (zru:). A través
Throw (zróu). Lanzar.
Throw away (zróu ewéi). Tirar a la basura.
Throw up (zróu áp). Vomitar
Throw up (zróu ap).Vomitar.
Thunder (zánde:r). Truenos
Thunderstorm (zánde:rsto:rm). Tormenta eléctrica
Thursday (zérzdei). Jueves
Thyme (táim). Tomillo.
Tidy (táidi). Ordenado.
Tidy (táidi). Ordenar un lugar..
Tie (tái). Corbata
Time (táim). Hora
Time (táim). Tiempo
Times (táimz). Veces
Tip (tip). Dejar propina
Tip (tip). Propina
Tip off (tip a:f). Informar en secreto
Tire (táie:r). Goma

Tired (taie:rd). Cansado
Tiring (táiring). Cansador
To (tu:). A.
To (tu:). Hacia.

To (tu:). Para.

Toast (tóust). Tostar.

Toe (tóu). Dedo del pie

Toilet (tóilet). Inodoro

Toilet paper (tóilet péipe:r). Papel higiénico.

Toiletries (tóiletri:z). Artículos de tocador

Toll (tóul). Peaje

Toll-free number (tóul fri: námbe:r). Número gratuito.

Tomato (teméirou). Tomate.

Tomb (tu:m). Tumba

Tomorrow (temórou). Mañana

Tongue (ta:ng). Lengua.

Tonight (tenáit). Esta noche

Too (tu:). También

Tool (tu:l). Herramienta.

Tooth (tu:z). Diente

Toothache (tú:zéik). Dolor de muelas

Toothpaste (tu:zpéist). Pasta dental

Tornado (te:rnéidou). Tornado.

Total (tóurel). Total

Touchy (táchi). Susceptible.

Tour (tur). Recorrido

Tour guide (tur gáid). Guía de turismo

Tourism (túrizem). Turismo

Toxic waste (tá:ksik wéist). Residuos tóxicos.

Traffic (træfik). Tránsito

Traffic light (træfik láit). Semáforo

Traffic sign (træfik sáin). Señal de tránsito

Train (tréin). Tren

Transaction (trensækshen). Transacción.

Transfer (trænsfe:r). Transferir

Translator (trensléire:r). Traductor

Transportation (trænspo:rtéishen). Medios de transporte

Travel (trævel). Viajar

Travel agency (trævel éishensi). Agencia de turismo.

Travel agent (trævel éishent). Agente de turismo.

Tremble (trémbel). Temblar.

Trench coat (trench kóut). Gabardina.

Trendy (tréndi). A la moda.

Trespass (trespǽs). Entrar ilegalmente.

Trespasser (trespǽse:r). Intruso.

Trial (tráiel). Juicio.

Trip (trip). Viaje

Trout (tráut). Trucha.

Truck (trak). Camión.

Truck driver (trak dráive:r). Camionero

True (tru:). Verdadero

Trunk (tránk). Maletero

Trunk (tránk). Tronco.

Trunks (tránks). Traje de baño hombre).

Try (trái). Tratar.

Try out (trái áut). Probar.

Tsunami (senǽmi). Maremoto.

Tub (tab). Bañera

Tube (tu:b). Tubo.

Tuesday (tu:zdei). Martes

Tuna (tu:ne). Atún.

Turkey (té:rki). Pavo.

Turn (te:rn). Doblar.

Turn down (te:rn dáun). Rechazar

Turn off (te:rn a:f). Apagar.

Turn off (te:rn a:f). Cerrar (una llave de paso).

Turn on (te:rn a:n). Abrir una llave de paso.

Turn on (te:rn a:n). Encender.

Turn out (te:rn áut). Resultar.

Turn up (te:rn ap). Llegar.

Turnpike (té:rnpaik). Autopista con peaje

Tuxedo (taksí:dou). Traje de etiqueta.

Twelve (twélv). Doce

Twenty (twéni). Veinte

Twice (tuáis). Dos veces

Two (tu:). Dos

Typical (típikel). Típico

U

Ulcer (álse:r). Úlcera

Umbrella (ambréle). Paraguas

Uncle (ánkel). Tío

Under (ánde:r). Debajo

Understand (anderstǽnd). Entender

Unfriendly (anfréndli). Antipático.

Unhappy (anjǽpi). Infeliz.

Union (yú:nien). Sindicato

United (yu:náirid). Unido.

Universal (yu:nivé:rsel). Universal

University (yu:nivé:rsiri). Universidad

Unpleasant (anplésent). Antipático.

Unreliable (anriláiebel). Poco confiable.

Untidy (antáidi). Desordenado.

Up (ap). Arriba

Upset (apsét). Disgustado.

Us (as). Nos, a nosotros.

User Id (yu:ze:r ái di:). Nombre del usuario.

Usual (yú:shuel). Usual

V

Vacation (veikéishen). Vacación

Vacuum (vǽkyú:m). Pasar la aspiradora

Vacuum cleaner (vǽkyu:m kli:ne:r). Aspiradora

Vain (véin). Presumido.

Vandal (vǽndel). Vándalo.

Vandalism (vǽndelizem). Vandalismo.

Vandalize (vǽndelaiz.). Destrozar.

Vegetables (véshetebels). Verduras

Verdict (vé:rdikt). Veredicto

Very (véri). Muy

Vest (vest). Chaleco.

Vet (vet). Veterinario

Veterinarian (vete:riné:rian). Veterinario.

Video game (vídi:o géim). Juego de video.

View (viú). Vista

Village (vílish). Villa

Vinegar (vínige:r). Vinagre

Violate (váieléit). Violar una ley.

Violator (váieléire:r). Violador.

Virus (váires).Virus.

Visit (vízit). Visitar

Voice(vóis). Voz

Volleyball (vá:liba:l). Voleibol.

W

Waist (wéist). Cintura

Wait (wéit). Esperar

Waiter (wéire:r). Mesero

Waitress (wéitres). Mesera

Walk (wa:k). Caminar

Walk away (wa:k ewéi). Marcharse.

Wall (wa:l). Pared

Walnut (wa:lnut). Nuez.

Want (wa:nt). Querer

Warm (wa:rm). Cálido

Warm (wa:rm). Calentar

Warm up (wa:rm ap). Calentar algo

Warm up (wa:rm ap). Entrar en calor.

Warm up to (wa:rm ap tu:). Comenzar a agradar una persona o una idea.

Wash (wa:sh). Lavar

Wash down (wa:sh dáun). Beber un líquido para bajar la comida

Washing machine (wa:shing meshín). Lavarropas

Waste (wéist). Malgastar dinero

Watch (wa:ch). Mirar

Water (wá:re:r). Agua

Water ski (wá:re:r ski:).Esquí acuático.

Watermelon (wá:re:r mélen). Sandía.

Waterproof (wá:re:rpru:f). Impermeable

Wavy (wéivi). Ondulado

Way (wéi). Camino

Way (wéi). Manera

We (wi:). Nosotros.

Weapon (wépen). Arma.

Wear (wer). Usar ropa

Weather (wéde:r). Tiempo

Weather forecast (wéde:r fó:rkæst). Pronóstico del tiempo

Wednesday (wénzdei). Miércoles

Week (wi:k). Semana

Weekend (wí:kend). Fin de semana

Weigh (wéi). Pesar

Weight (wéit). Peso

Weight lifting (wéit lífting). Levantar pesas.

Welcome (wélcam). Bienvenido

Well (wel). Bien

Well done (wel dan). Bien cocida

Wet (wet). Húmedo

What (wa:t). ¿Qué?

What kind of...? (wa:t káindev). ¿Qué clase de... ?

Wheel (wi:l). Rueda

Wheelchair (wí:lche:r). Silla de ruedas

When (wen). ¿Cuándo?

Where (wer). ¿Dónde?

Which (wích). ¿Cuál ?

While (wáil). Mientras

Whip (wip). Batir.

White (wáit). Blanco

White bread (wáit bred). Pan blanco.

White wine (wáit wáin). Vino blanco.

Who (ju:). ¿Quién?

Whole (jóul). Entero

Whole milk (jóul milk). Leche entera.

Whole wheat (jóul bred). Pan integral.

Whose (ju:z). ¿De quién?
Why (wái). ¿Por qué?
Widow (wídou). Viuda
Widower (widoue:r). Viudo
Wife (wáif). Esposa
Will (wil). Auxiliar para el futuro
Wind (wind). Viento
Window (wíndou). Ventana
Windshield (wíndshi:ld). Parabrisas
Windy (wíndi). Ventoso

Wine (wáin). Vino
Wink (wink). Guiñar un ojo.
Winter (wíne:r). Invierno
Wire (wáir). Girar dinero
Wire(wáir). Alambre
With (wid). Con
Withdraw (widdra:). Retirar dinero
Without (widáut). Sin
Witness (wítnes). Testigo
Woman (wumen). Mujer
Womb (wu:m). Útero.
Wood (wud). Madera
Work (we:rk). Trabajar
Work (we:rk). Trabajo
Work out (we:rk áut). Calcular (una cantidad).
Work out (we:rk áut). Desarrollar.
Work out (we:rk áut). Funcionar (una situación).
Work out (we:rk áut). Hacer ejercicio físico
Work permit (we:rk pé:rmit). Permiso de trabajo.

World (we:rld). Mundo
Worried (wé:rid). Preocupado
Worry (wé:ri). Preocuparse
Worse (we:rs). Peor
Would (wud). Auxiliar para ofrecer o invitar
Wound (wu:nd). Herida (de arma).
Wrestling (résling).Lucha libre.
Wrist (rist). Muñeca
Write (ráit). Escribir
Wrong (ra:ng). Equivocado.
Wrong (ra:ng). Incorrecto.

Y

Yard (ya:rd). Yarda
Yawn (ya:n). Bostezar.
Year (yir). Año
Yellow (yélou). Amarillo
Yes (yes). Sí
Yesterday (yésterdei). Ayer
Yet (yet). Aún.
Yet (yet). Todavía
Yield (yild). Ceder el paso
Yoga (yóuge). Yoga
Yoghurt (yóuge:rt). Yogur
You (yu:). Te, a ti, a usted., a ustedes.
You (yu:).Tú, usted, ustedes.
Young (ya:ng). Joven
Your (yo:r). Tu; su; de usted, de ustedes
Yours (yo:rz). Tuyo/a; suyo/a

Z

Zero (zí:rou). Cero
Zip (zip). Cierre.
Zoo (zu:). Zoológico.